A LINGUAGEM
DOS DESENHOS

Blucher

A LINGUAGEM
DOS DESENHOS

Uma nova descoberta
no trabalho psicodinâmico

Abrahão H. Brafman

Tradução
Abrahão H. Brafman

All rights reserved. Authorised translation from the English language edition published by Karnac Books Ltd.

Título original: *The Language of Drawings: A New Finding in Psychodynamic Work*

© 2012 Abrahão H. Brafman

© 2016 Editora Edgard Blücher Ltda.

2ª reimpressão - 2022

Blucher

Rua Pedroso Alvarenga, 1245, 4º andar
04531-934 – São Paulo – SP – Brasil
Tel.: 55 11 3078-5366
contato@blucher.com.br
www.blucher.com.br

Segundo o Novo Acordo Ortográfico, conforme 5. ed. do Vocabulário Ortográfico da Língua Portuguesa, Academia Brasileira de Letras, março de 2009.

É proibida a reprodução total ou parcial por quaisquer meios sem autorização escrita da editora.

Todos os direitos reservados pela Editora Edgard Blücher Ltda.

FICHA CATALOGRÁFICA

Brafman, Abrahão H.

A linguagem dos desenhos : uma nova descoberta no trabalho psicodinâmico / Abrahão H. Brafman [texto original e tradução]. – São Paulo : Blucher, 2016.

152 p. : il.

Bibliografia

ISBN 978-85-212-1110-5

Título original: The Language of Drawings: A New Finding in Psychodynamic Work

1. Psicanálise 2. Psicologia do desenho 3. Psicanálise infantil I. Título.

16-1060   CDD 150.195

Índices para catálogo sistemático:
1. Psicanálise

Para Lilian, uma fonte constante de valioso apoio.

Agradecimentos

Sou grato a todas as crianças e famílias que possibilitaram a produção deste livro.

Agradeço em especial a Rosine Perelberg por seus conselhos inspiracionais.

Sobre o autor

Dr. A. H. Brafman trabalhou como psiquiatra de crianças e adolescentes no National Health Service até se aposentar. É um profissional qualificado, que deu seminários sobre observação infantil para *trainees* da British Psychoanalytic Society e outras instituições de treinamento. Por muitos anos, organizou reuniões semanais para menores de cinco anos e seus pais no Queen Mary's Hospital, em Roehampton, Londres. Publicou quatro livros baseados nesse trabalho: *Untying the knot* (Karnac, 2001); *Can you help me?* (Karnac, 2004); *The 5-10-year-old child* (Karnac, 2010) e *Fostering independence* (Karnac, 2011), assim como uma série de artigos relacionados a diferentes tópicos clínicos. Por muitos anos, sob o patrocínio da Winnicott Trust, Brafman organizou seminários clínicos para estudantes de medicina do departamento de psicoterapia da University Hospital Medical School.

Conteúdo

Introdução	13
Imagens divididas	29
Dois lados da mesma folha de papel	99
Imagens divididas	121
Escolas de arte	127
Resumindo	141
Referências	145
Índice remissivo	149

Introdução

Uma senhora pediu que víssemos seu enteado de 16 anos na clínica de orientação infanto-juvenil. Ela o havia criado desde a idade de 7 anos, quando se casara com seu pai, depois que a mãe do rapaz abandonara a família 3 anos antes. O rapaz agora apresentava problemas de comportamento na escola e se tornara obcecado em visitar um casal que organizara um grupo para adolescentes naquela comunidade. No correr de nossa entrevista, ele fez um desenho da esposa daquele casal sentada de perfil numa cadeira e, em seguida, fez algumas outras imagens na mesma folha de papel. Alguns minutos mais tarde, enquanto continuávamos conversando, ele virou a folha e desenhou um altar. Eu estranhei que ele tivesse feito o altar com linhas mais claras, não tão definidas quanto as do primeiro lado do papel. Eu levantei a folha de papel e estava comentando meu interesse em saber o porquê da escolha de um altar, quando reparei que a senhora estava agora deitada sobre o altar (ver o caso de Alan, p. 111-116). Quando chamei sua atenção para essa superposição, ele ficou surpreso e algo embaraçado – ele

14   INTRODUÇÃO

podia reconhecer como, de um ponto de vista inconsciente, essa senhora havia preenchido o vazio deixado por sua mãe que deixara a família quando ele tinha quatro anos de idade.

Para minha surpresa, eu encontrei outros exemplos de desenhos em que uma imagem de importante significado emocional havia sido dividida em duas imagens que eram produzidas uma em seguida a outra, e que vistas separadamente não permitiriam que se reconhecesse seu significado inconsciente. O tema deste livro é justamente este fenômeno de desenhos divididos. Trata-se de uma forma de comunicação fascinante e intrigante, em que a pessoa nos permite descobrir as pistas para perceber os pensamentos e sentimentos que causam os problemas que a fazem nos consultar.

Segundo o Oxford Dictionary, comunicação é definida como "a troca ou expressão de informações através da fala, escrita ou algum outro meio". Tendo em conta esta definição, devemos reconhecer duas implicações: 1 – é que a pessoa realmente deseja transmitir alguma mensagem ao outro; e 2 – a outra pessoa precisa estar preparada para considerar a mensagem daquela pessoa com cuidado, de modo que consiga compreender o que ela quer transmitir.

Existem ocasiões em que o outro indica compreender o que a pessoa está exprimindo e a pessoa nega que haja transmitido tal mensagem. Um exemplo comum deste tipo de "comunicação" duvidosa são aquelas ocasiões em que uma pessoa suspira ou diz palavrões e, de repente, se vê bombardeada com expressões de pena ou irritação de alguém perto dela. Quando são adultos normais que estão envolvidos, nada de sério existe neste tipo de confusão, de vez que as pessoas envolvidas podem discutir e esclarecer dúvidas ou enganos. Mas esta situação é mais complicada quando as duas pessoas não falam a mesma língua ou sofrem de algum tipo de impedimento que exige o emprego de outro tipo de comunicação, diferente da linguagem comum, que é o caso quando uma das pessoas é surda. Quando se trata de uma pessoa jovem, também encontramos uma grande quantidade de problemas sutis e complexos: a idade, o grau de comando da linguagem e o nível de desenvolvimento cognitivo introduzem limites à possibilidade de esclarecer dúvidas ou mal-entendidos; e o contexto do encontro em questão é igualmente importante, uma vez que a criança ou adolescente pode não se sentir totalmente à vontade para exprimir seus pontos de vista.

Quando um bebê chora, trata-se de uma comunicação ou apenas a expressão de algum desconforto ou sofrimento físico? Seja qual for a interpretação de um observador, a pessoa que cuida do bebê vai agir como se recebesse um apelo do bebê, ou seja, o choro é interpretado como uma mensagem em que o bebê é visto como tentando comunicar um pensamento ou sentimento específico. São muitas as mães que afirmam poder diferenciar o choro do bebê quando tem fome, do choro quando sente dor. Mas a prova vital nestas situações é a capacidade da mãe de "tentar de novo" com uma interpretação diferente quando o choro persiste. Se a mãe reage com sentimentos de ansiedade, pânico ou desespero, é quase certo que o bebê agora reaja também ao sofrimento emocional da mãe, com uma forte possibilidade de que se forme um padrão típico de interação, em que a criança e a mãe repetidamente se envolvem nessas reações mútuas, com base nos seus níveis de ansiedade (ver Brafman, 2004, p. 5).

Observando um recém-nascido atravessar suas primeiras semanas e meses, podemos distinguir o desenvolvimento de um processo de adaptação muito sutil entre o bebê e seus pais, criando padrões que tendem a se perpetuar. Com o crescimento do neném, este processo de evolução vem a incluir aqueles inúmeros elementos que caracterizam o mundo em que ele vive. Não só ele vai aprender a falar a língua dos pais, mas ele internalizará (adquirirá

16 INTRODUÇÃO

como seus próprios) estilos de comportamento que o diferenciarão de seus contemporâneos. Ritmo de uso do vaso sanitário, hábitos de alimentação, a maneira de se dirigir aos irmãos e outras pessoas, estilos de se vestir – não tem fim a lista de comportamentos que fazem aquela criança ser reconhecida como membro de sua família. O ponto óbvio e fascinante é que focalizando numa criança ou adolescente em particular, é virtualmente impossível diferenciar o que, na sua personalidade, é parte de seus atributos congênitos e o que resulta de sua adaptação ao meio familiar em que foi criado.

Muitos estudos foram publicados descrevendo os parâmetros que nos permitem avaliar o grau de amadurecimento das habilidades cognitivas de uma criança e, assim, descobrir quando ela necessita de uma intervenção educacional ou terapêutica para corrigir alguma deficiência ou inabilidade. Estes testes investigam a capacidade da criança de compreender o mundo em que vive e também sua habilidade de utilizar esses dados para exprimir seus pensamentos, sentimentos, necessidades e desejos. Viver junto de uma criança é uma experiência fascinante e excitante, de vez que podemos saborear cada novo passo no processo de aquisição de articulação verbal. De sons irreconhecíveis a sons repetidos, dirigidos a uma determinada pessoa, chegando eventualmente àquela pronúncia que representa a sua maneira de fazer contato com aquela pessoa, podemos ver a criança celebrando a reação aos seus esforços vocais, que são sempre acompanhados de expressões faciais e movimentos da cabeça e/ou mãos. É esta imagem global que permite aos pais entender não só a quem a criança se dirige, mas também sua vivência naquele momento. Evidentemente, quanto mais a criança cresce, mais ela utiliza palavras para transmitir seus pensamentos e sentimentos, mas é parte do seu desenvolvimento normal que cada criança recorra a vários outros meios de comunicação quando não consegue articular o total do que deseja expressar.

Algumas crianças choram, outras fazem movimentos incomuns com várias partes de seu corpo, outras pegam algum brinquedo antes ou enquanto tentam falar, outras fazem movimentos inusitados e por vezes perigosos: não têm fim as variações, mas o que é importante notar é a maneira tão sutil em que a criança aprende o que é e o que não é compreendido por cada um dos pais e pelas outras pessoas com quem ela vive – e passa a absorver e utilizar esses dados de acordo com seus sentimentos e intenções em cada momento específico. Um exemplo simples deste processo de aprendizado pode ser visto em crianças cujos pais vêm de países diferentes e/ou falam línguas diferentes: a maioria das crianças aprende a utilizar essas várias línguas para cada pessoa – e, por vezes, quando desejando provocá-los, usar a língua "errada" com um dos pais.

É a resposta que a criança recebe dos pais que gradualmente forma o que Freud (1923b) chamou "ego" e "superego". O ego corresponde ao que podemos chamar o "eu", as funções da personalidade que caracterizam a imagem que aquela pessoa tem de si mesma e dos outros com quem convive. O superego é aquela secção da mente que registra as críticas, comentários, exigências, todos os elementos que constituem os padrões éticos da família daquela criança e da sociedade em que eles vivem. Na prática, o superego representa a imagem inconsciente de tudo que não é aprovado pelos pais e que pode causar problemas para a criança se posto em prática. Especialmente considerando uma criança mais velha, dizemos que ela aprende como e quando exibir "bom comportamento". Nestes casos, não consideramos que a criança seja insincera ou hipócrita, mas igual é possível haver um processo de autocensura em que a espontaneidade parece diminuir ou desaparecer. Winnicott (1960) descreveu o que chamou de "falso-eu" (*false-self*) – o resultado de um processo de adaptação à personalidade de um ou ambos os pais. Mas é muito importante ter em conta que, conquanto haja uma justificativa histórica para a criança desenvolver esta fachada quando se dirigindo àquela figura paterna, é algo surpreendente ver aquela criança adotar o mesmo processo de autocensura quando em contato com outras pessoas com quem se encontra. É importante frisar que este é um processo inconsciente, certamente muito diferente da criança decidir preservar algo secreto do resto do mundo.

Este processo de adaptação da criança ao mundo em que vive deve ser tido em mente quando encontramos uma criança pela primeira vez. Dependendo de sua idade e sua personalidade,ela vai reagir à nossa presença de acordo seus padrões de desenvolvimento. Sem dúvida, nosso sexo, nossa idade, nosso estilo vão influenciar sua reação, mas a criança tem que lidar com suas ideias conscientes e inconscientes de como tratar uma pessoa a quem encontra pela primeira vez. É esta complexa rede de características que levou os psicanalistas a postularem uma série de "mecanismos" para explicar a vivência emocional da criança. A criança vai reagir àquela pessoa estranha de acordo com a projeção dos seus objetos internos que são estimulados em seu consciente e inconsciente. Estes objetos internos são o resultado da sua internalização de elementos dos objetos (indivíduos) próximos e a elaboração destas imagens como resultado de sentimentos despertados naquela criança por interações subsequentes com aquelas pessoas. Quando a criança presta atenção ao que lhe foi dito que fizesse, sua reação é influenciada por uma quantidade de lembranças resultantes de experiências anteriores e, se essas recordações despertam sentimentos que poderiam levar a trauma ou conflito, então resistências, defesas inconscientes entram em ação e ela só vai articular palavras ou agir de maneiras que ela acredita que não provocarão a repetição daquelas vivências traumáticas anteriores (ver Laplanche & Pontalis, 1973).

Quando a criança mostra sinais de sofrimento, é importante ter em mente os padrões de comportamento que caracterizam o contato daquela criança com as pessoas com quem convive. Acontece frequentemente que a criança não sabe a razão exata do que provoca sua ansiedade e recorre então a um tipo de sofrimento que suas vivências anteriores lhe ensinaram que mobiliza a atenção dos pais. Todos os pais conhecem perfeitamente essas queixas recorrentes e a dificuldade de obter da criança alguma explicação do que tanto lhe perturba. Infelizmente, muitos pais não conseguem aceitar a opinião do profissional de que a maioria dessas crianças realmente não sabem o que provoca sua ansiedade. Também podemos encontrar crianças que jamais dirão em voz alta o que pensam quando têm medo que suas palavras poderiam perturbar seus pais. Esta é mais uma dificuldade que se pode encontrar ao tentar compreender e talvez ajudar uma criança.

A observação cuidadosa do comportamento da criança nos ajuda a perceber sinais que podem nos levar a explorar quais pensamentos e sentimentos a criança está vivenciando e tentando enfrentar. A criança que, de repente, um dia se recusa a sentar-se no vaso sanitário deve estar provavelmente reagindo a uma imagem do vaso como algo perigoso. Frequentemente encontramos crianças que não querem ir à escola por sentir "cólicas na barriga", quando, de fato, estão lutando com algum medo de assistir aulas. A recusa da criança de ir dormir é provavelmente um sinal de que vem tendo pesadelos. A maneira como a criança brinca com seus brinquedos muitas vezes contém pistas resultantes de suas vivências, o que mostra a importância de prestarmos atenção aos detalhes de suas atividades. Quando a criança começa a usar lápis ou canetas para desenhar é muito útil tentar descobrir o que ela está ilustrando no papel.

Mas essas observações não constituem novidades. As crianças intrigam os adultos há muitos séculos e identificar dados signifi-

20 INTRODUÇÃO

cativos que possam esclarecer a vivência consciente e inconsciente de uma criança é particularmente importante quando a criança se sente infeliz, ansiosa, certamente sofrendo. Não é surpreendente ver que os desenhos de crianças se tornaram um elemento crucial nas investigações das vivências de crianças, de vez que os desenhos não parecem mobilizar na criança aqueles conflitos conscientes ou inconscientes resultantes de sua dúvida sobre o que seria "correto" exprimir ou, pelo contrário, perigoso ou inadequado.

Investigações de desenhos infantis vêm sendo feitas há séculos. Focalizando no conteúdo dos desenhos, o objetivo era ligar o que estava no papel com o que, supostamente, seria sua representação em palavras. Stern (1924) definiu este paralelo de maneira muito eloquente quando argumentou que os rabiscos iniciais da criança correspondiam ao desenho bem definido e reconhecível igual como seus balbucios se relacionam com a fala bem construída. Certamente as habilidades gráficas da criança seguem um processo de amadurecimento e no passar dos anos muitos autores propuseram parâmetros para avaliar o estágio de desenvolvimento alcançado pela criança quando desenhando a si mesma e/ou outros. Isso significa que, igual como acontece com a fala, sem considerar potenciais artísticos, os desenhos de crianças constituem um elemento precioso para nos ajudar a compreender seus pensamentos, sentimentos, desejos, dores, sonhos etc.

As pesquisas mostraram que, independentemente do clima cultural em que as crianças estão crescendo, quando usam caneta ou lápis para desenhar uma figura humana, os desenhos feitos por crianças da mesma idade mostram uma série de elementos em comum (Kellog, 1969). Eventualmente, descobriu-se que as vivências de cada criança no meio em que vive, influenciam certos elementos de seus desenhos e isto levou os pesquisadores a investigar quais características permitiriam a identificação de alguma possível patologia psicológica ou neurológica. Os desenhos infantis passaram a ser considerados uma expressão válida das experiências emocionais da criança referentes a si mesma e ao mundo em que vivia. Exemplos clássicos destes estudos podem ser encontrados em Piaget e Inhelder (1948-1967), Luquet (1927-2001) e Lowenfeld (1947-1948).

Repetindo o que foi dito acima, o que está em jogo é a pesquisa de um caminho válido para avaliar o processo cognitivo de uma criança, quando se chega ao ponto de reconhecer que a capacidade daquela criança comunicar em palavras seus pensamentos e sentimentos, está restrita por seu amadurecimento cognitivo e/ou por uma série de fatores inconscientes que impedem sua expressão. De fato, adolescentes e adultos também podem recorrer a este mecanismo inconsciente de autoproteção quando reprimem elementos de uma situação que vivenciam como dolorosa e traumática. Em outras palavras, o trauma produzirá seu impacto físico e/ou emocional, mas a pessoa em questão pode ter dificuldade de identificar a razão exata por que aquela experiência foi tão chocante e dolorosa.

Analisando o relato que uma pessoa faz de uma experiência traumática, logo podemos perceber que, por maiores que sejam suas dificuldades de fazer uma descrição completa e detalhada dos acontecimentos, aquela pessoa (qualquer que seja sua idade) tem uma imagem bem clara e definida do que lhe aconteceu e isso pode ser encontrado em suas palavras ou em desenhos. Discutindo a relação entre percepção, memória e a expressão de pensamentos através desenhos, Arnheim (1969, p. 97) cita Zuccari, que já em 1607 descreveu o que chamou de disegno interno e disegno esterno, para frisar como as lembranças de nossas vivências ficam guardadas como imagens – mas estas imagens "internas" não são reproduções fotográficas, objetivas dos acontecimentos verdadeiros

22 INTRODUÇÃO

como visualmente percebidos. De fato, são o resultado de distorções produzidas pelos impulsos emocionais vivenciados no momento em que ocorreu a experiência original.

As investigações envolvendo grande número de crianças, permitiram a identificação de elementos em seus desenhos que resultavam de configurações emocionais específicas. Di Leo (1973, p. 38) é um desses autores e talvez um exemplo de seus textos poderá ilustrar este enfoque aos desenhos infantis:

> *A ausência de braços nos desenhos de crianças com mais de seis anos de idade pode indicar a presença de timidez, passividade ou imaturidade intelectual. Tal omissão se torna muito rara pelos dez anos de idade, quando mais de 90 por cento das crianças desenharão os braços. [...] Vane e Eisen consideram a omissão dos braços como um dos quatro sinais que caracterizam uma alta porcentagem de crianças desajustadas entre 5 anos e 3 meses e 6 anos e 5 meses de idade. Os outros três sinais encontrados são a ausência de corpo, ausência de boca e uma figura grotesca. Mãos escondidas foram interpretadas como uma expressão de sentimentos de culpa.*

Esses estudos de crianças de todas as idades procuram estabelecer configurações estatisticamente válidas que identifiquem como a criança vivenciou acontecimentos, situações ou relacionamentos específicos. Podemos encontrar trabalhos focalizando abuso, incapacidades físicas, cognitivas ou emocionais e experiências traumáticas, entre outros temas. Uma análise detalhada desta literatura pode ser encontrada em Moore (1994). Tendo em vista o tema deste livro, é interessante notar a referência de Moore ao ponto de vista de Johnson (1985): "retemos nossas lembranças em partes separadas, nem sempre verbalmente acessíveis, de nossa mente." Certamente este conceito neuropsicológico representa uma imagem física da teoria psicanalítica de que algumas lembranças são retidas numa parte inconsciente da mente, bem como uma formulação do fenômeno de imagens divididas a ser descrito neste livro.

Enquanto o enfoque psicológico se concentra em formular dados e técnicas estatisticamente válidos que possam ajudar o profissional a avaliar os problemas de determinado paciente, o profissional psicodinâmico procura examinar o paciente partindo da estaca zero, sem formulações prévias. Sem dúvida, isso é o ideal, de vez que as informações fornecidas por quem nos mandou o paciente irão influenciar nossos pontos de vista, tanto quanto todas as impressões que formamos quando encontramos a pessoa em questão. Apesar disso, o objetivo é obter informações que permitirão ao clínico compreender aquele indivíduo específico, agora sob seus cuidados. Dependendo da idade do cliente, o profissional terá que recorrer a várias "línguas" através das quais aquela pessoa comunicará suas ideias e sentimentos conscientes e inconscientes. Palavras, entonações vocais, expressões faciais, movimentos do corpo, a maneira de se relacionar com o clínico – todos são dados que guiam o profissional psicodinâmico a formular as perguntas que podem permitir ao paciente exprimir seus sentimentos em palavras. Entretanto, crianças constituem um problema especial, devido às características do seu desenvolvimento emocional, como discutido acima. Talvez não seja surpreendente descobrir que frequentemente encontramos adolescentes com dificuldades semelhantes. Quando chegamos ao ponto em que fica claro que a criança ou adolescente não conseguirá exprimir suas ideias e sentimentos em palavras, torna-se necessário explorar outros meios de comunicação.

24 INTRODUÇÃO

Os psicanalistas vinham aplicando suas teorias ao tratamento de adultos por cerca de duas décadas quando chegou o momento em que alguns deles se decidiram a investigar o quanto essas teorias poderiam ser utilizadas no tratamento de crianças com problemas. Hermine Hug-Hellmuth, Anna Freud e Melanie Klein foram as pioneiras neste novo campo de trabalho. Não demorou muito para descobrirem que, ao contrário do que acontecia com pacientes adultos, era necessário recorrer a mais do que as palavras para averiguar a natureza dos conflitos das crianças. Provavelmente, foi graças às suas experiências criando e trabalhando com crianças que elas resolveram pôr brinquedos à disposição das crianças que podiam então construir estruturas, fazer desenhos e inventar histórias. Entretanto, elas formularam avaliações diferentes do material produzido pelas crianças. Melanie Klein (1932) considerou o brincar ("*play*") como virtual sinônimo da linguagem falada e o interpretou seguindo a mesma estrutura teórica que havia formulado para explicar a interação psicanalítica com pacientes adultos. De sua parte, Anna Freud (1927) frisou que ao usar jogos e desenhos como material de comunicação seria muito importante ter em conta a possível distorção que o analista podia fazer ao interpretar o material não verbal da criança. Ela considerou o "*play*" muito importante, mas apenas como um dos elementos que devem ser considerados ao buscar entender a interação entre analista e criança.

Foi Winnicott (1971) que promoveu os desenhos a uma posição de destaque no trabalho analítico com crianças. Além de ser um eminente pediatra, ele era também um artista gráfico e musical muito dotado. No seu trabalho numa clínica de psiquiatria infantil ele descobriu que por mais acanhadas ou reservadas que as crianças fossem quando ele tentava dialogar com elas, tão logo tinham acesso a materiais de desenho, elas conseguiam reagir com facilidade e se dispunham a desenhar. Ele desenvolveu a técnica em que propunha à criança que brincassem de fazer rabiscos (*"squiggles"*) e então fazia um rabisco no papel e pedia à criança para completar, transformar aquele rabisco em alguma figura que quisesse. Uma vez terminado o desenho, Winnicott dizia à criança que fizesse seu rabisco e ele então tentaria transformá-lo em alguma figura. Depois de uma série de tais desenhos Winnicott conseguia identificar os conflitos inconscientes que produziam os sintomas da criança.

Uma criança (ou um paciente de qualquer idade) só vem consultar um psicanalista quando enfrenta problemas que interferem no seu ritmo normal de vida. O analista tem que realizar uma avaliação diagnóstica do seu paciente a fim de estabelecer a natureza de seus problemas e avaliar a melhor maneira de lhe ajudar. Pode acontecer que os problemas de uma criança sejam devidos a anormalidades cognitivas e/ou emocionais e esses casos podem necessitar de complexos tratamentos educacionais de longo prazo. Mas a maioria das crianças e adolescentes vistos no consultório psicanalítico sofre de reações a situações ou relacionamentos vivenciados como traumáticos e estes casos geralmente podem se beneficiar de uma intervenção terapêutica limitada.

Na maioria dos casos vemos que a pessoa vivencia um evento verdadeiro, consciente, como traumático, porque ele produz uma associação com uma situação do passado que havia ficado "guardada" no inconsciente daquela pessoa. Vendo o paciente, ouvimos seu relato (i.e., sua versão, sua interpretação) das experiências traumáticas recentes e daí partimos para a investigação das supostas lembranças inconscientes de alguma vivência traumática em anos passados (Perelberg, 2007). Entrevistando um adolescente ou adulto, o analista fica alerta aos atos falhos, pergunta sobre sonhos, investiga os relatos do paciente de sua vida presente e passada, busca entender como o paciente se relaciona com ele, sempre considerando todos esses dados como pistas que poderiam identificar a natureza da vivência inconsciente que explicaria a maneira por que o paciente reagiu à recente situação traumática da maneira que ele descreveu e demonstrou.

Vendo uma criança no consultório é importante prover brinquedos, jogos, papel e material de desenho, pois a maneira pela qual a criança os utiliza poderá nos ajudar a compreender os seus conflitos. É importante lembrar que jamais se deve interpretar a maneira como a criança trata o analista, como uma recusa de fazer contato. Uma criança em silêncio que se senta de costas para o analista está provavelmente indicando sua crença de que o analista não vai querer ou não vai conseguir lhe ajudar. É fundamental assumir que o comportamento, as palavras e os jogos com brinquedos constituem maneiras da criança tentar nos comunicar seus pensamentos e sentimentos. Temos diante de nós uma criança ou um adolescente que sofre de dor, ansiedade, desconforto ou tristeza e ele sabe que consultar um profissional constitui sua esperança de que possa conseguir ajuda e alívio: é óbvio que ele tentará comunicar seus sentimentos, mas cada criança ou adolescente o fará da sua maneira característica. E só nos resta esperar que o profissional consiga conquistar a confiança daquele paciente.

Depois de um contato inicial, em que o profissional tenta fazer a criança se sentir à vontade, a maioria das crianças concordará em responder a perguntas sobre sua vida e suas atividades. Quando o profissional consegue formar uma imagem razoavelmente clara da maneira que a criança vê a si mesma e o mundo em que vive, é útil sugerir que a criança faça algum desenho. Sempre vem a pergunta "desenhar o quê?" e o melhor é sugerir que ela desenhe o que quiser. Tendo examinado e admirado o desenho e acompanhado a descrição das imagens, deve-se sugerir que ela faça outro desenho. Estes dois ou mais desenhos e os comentários feitos sobre cada um, ajudam o profissional a decidir que perguntas ou comentários deve fazer para compreender a reação que a criança teve à vivência traumática.

Como descrito acima, os desenhos da criança não parecem ser afetados pelos mesmos mecanismos inconscientes que governam a sua fala. A criança ou adolescente conseguirá desenhar uma situação traumática "tal como ela aconteceu", mas muitas vezes isso não corresponderá à maneira como o ocorrido foi registrado no seu inconsciente. Entretanto, podemos ver que, como acontece com palavras, a pessoa pode dividir ("*split*") seus pensamentos e sentimentos e expressá-los como se não estivessem relacionados, indicando uma defesa inconsciente para evitar novos sofrimentos. Cada desenho ilustra a imagem consciente que a criança tem do tema presente ou passado, verdadeiro ou imaginário, que decidiu ilustrar – cabe agora ao profissional analisar essas imagens e tudo que o paciente disse, para conseguir compreender o conflito emocional que desencadeou a reação da criança à experiência traumática. É importante lembrar que quando essas expressões verbais e gráficas divididas são expostas a um profissional, temos que concluir que elas vêm à tona devido a uma esperança de que ajuda seja conseguida – e, finalmente, o alívio alcançado.

Este livro apresenta uma série de entrevistas clínicas em que crianças e adolescentes fizeram desenhos que apresentavam imagens divididas e isso constitui um fenômeno que parece não haver sido descrito previamente na literatura. Estes desenhos foram feitos separadamente, mas quando superpostos, um sobre o outro como se fossem uma imagem única, eles revelavam um significado específico que não poderia ser reconhecido ao examinar os desenhos individualmente. Ao ver essa imagem "reconstituída" cada criança e adolescente reagiu com palavras de surpresa – e reconhecimento.

28 INTRODUÇÃO

Eu também encontrei este fenômeno de imagens divididas em desenhos feitos por alunos de escolas de arte em entrevistas experimentais e alguns desses são apresentados, mas a maioria dos casos ilustrados aqui, vêm de entrevistas clínicas com crianças e adolescentes.

Imagens divididas

Berenice

O clínico geral da família nos pediu para ver esta menina de 12 anos, porque sua mãe descobrira que Berenice havia roubado dinheiro de sua bolsa e que também estava matando aulas na escola. A Sra. B estava muito perturbada e chorando quando falou com a secretária da clínica para marcar uma consulta. Ela sentia como se, de repente, houvesse sido aberto um enorme vácuo entre ela e Berenice: ela mencionou fazer perguntas à filha e não ter conseguido mais do que "um olhar vazio". A Sra. B queria ver o médico o mais cedo possível e ficou aliviada quando a secretária lhe disse que uma hora no dia seguinte havia sido cancelada. A secretária comentou comigo que a Sra. B mostrava um grau de angústia que parecia algo desproporcional à sua descrição do comportamento de Berenice.

A Sra. B veio à entrevista não só com Berenice, mas também com seu marido. Minha impressão de Berenice era de uma menina de doze anos sem qualquer característica que chamasse atenção: bem vestida, de altura média e aparência bem agradável. A Sra. B estava extremamente tensa e o Sr. B parecia pouco à vontade, como se não entendesse bem o que poderia ser o propósito desse encontro comigo. Ambos haviam nascido e crescido na comunidade onde moravam agora e suas famílias se conheciam há décadas. O Sr. B trabalhava em construção de prédios e sua esposa fazia ocasionais limpezas domésticas. Eles tinham dois filhos mais jovens e ambos frisavam o quão comum e normal havia sido a vida da família – até a crise atual quando Berenice rompera a imagem de segurança do passar dos dias.

Passamos um tempo conversando e tive a impressão de que nenhum deles estava disposto a ir além dos detalhes de Berenice roubar dinheiro e matar aulas. Eu poderia continuar neste ritmo, mas tendo em mente a impressão da secretária, eu disse que gostaria de ver Berenice sozinha – e eles concordaram.

E logo descobri que era muito difícil entabular uma conversa com Berenice. Fiz perguntas sobre a escola, a comunidade onde moravam, vida da família e todas as respostas vinham em monossílabos. Ela gostava de seu irmão de 9 anos e também tinha uma irmã de 4 anos: às vezes eles provocavam brigas com ela, mas eram, essencialmente, irmãos de quem gostava muito. Sua vida no curso primário havia sempre sido muito feliz. Ela começara o curso ginasial há poucos meses e, conquanto não tivesse amigos mais chegados, ela tinha muitos amigos e colegas, inclusive algumas crianças com quem convivera no primário. Ela jamais tivera problemas com professores e, ao que ela imaginava, todos a consideravam uma boa aluna, ainda que não conseguisse alcançar muitas notas altas.

Berenice ficou ainda mais reservada quando eu quis conversar sobre seus pais. Ela gostava muito dos dois e mencionou que "muita gente diz que eu sou a favorita do meu pai". Ela achava que os pais tratavam as crianças sem fazer distinções especiais entre eles, e ela não tinha queixas sobre as atitudes dos pais para com amigos ou com ela mesma. Os avós moravam perto, bem como tios, tias e primos. Porque havia tirado o dinheiro da bolsa de sua mãe? Ela não conseguia dar explicação alguma. Isso aconteceu quando a escola havia organizado um passeio e Berenice havia ido com seus colegas ao Jardim Zoológico, mas ela não sabia dizer porque havia tirado o dinheiro. Quanto ao matar aulas, ouvi o mesmo "não sei por quê". Depois de mais algumas tentativas, sugeri a Berenice que fizesse um desenho, enquanto eu iria à outra sala para conversar com seus pais.

O casal B me deu mais alguns detalhes de suas vidas passadas e aos poucos a conversa ficou tensa e algo sem sentido. Resolvi mencionar minha impressão de que Berenice e seu pai pareciam algo retraídos, não inteiramente à vontade, enquanto que a Sra. B estava obviamente mais ansiosa que os outros dois. Tomando cuidado com minhas palavras e com meu tom de voz, perguntei à Sra. B se seria possível haver algo mais em sua vida que a levasse a ficar tão tensa, desde que me ocorrera a possibilidade de que o comportamento de Berenice pudesse resultar dela estar preocupada com o estado emocional de sua mãe.

O Sr. B ficou rígido e voltou-se para sua esposa. A Sra. B desandou a chorar, mas lágrimas muito diferentes. Lutando com seus soluços, ela me contou que as duas crianças menores haviam tido uma longa série de doenças nos últimos anos, necessitando várias intervenções cirúrgicas. Além desses problemas tão dolorosos, a Sra. B acabara de saber que tinha um tumor em seu seio e, como se isso não bastasse, depois de várias consultas e exames os médicos haviam recomendado que ela também deveria fazer uma histerectomia. Essas investigações ainda estavam continuando e a Sra. B estava apavorada de que poderia ter poucos anos mais de vida. Era muito difícil saber o que dizer. O Sr. B segurou a mão de sua esposa, tentando reconfortá-la. Eles comentaram que as crianças não sabiam desses problemas.

Figura 1. *Berenice – Primeiro desenho.*

Depois de alguns minutos, quando a Sra. B parecia estar mais tranquila, eu sugeri trazermos Berenice para nos ver. Ela havia feito um desenho (Figura 1) mostrando uma paisagem com alguns pássaros e árvores desfolhadas, exceto uma com algumas frutas espalhadas; um céu azul com sol e nuvens estava bem separado da paisagem, e na parte inferior da página Berenice havia desenhado um lago, onde dois patos nadavam num círculo de água, igualmente bem isolados do resto do lago. Ela não sabia explicar que história estaria expressa no desenho. Outro desenho (Figura 2) mostrava os membros da família e ela havia escrito seus nomes acima de cada cabeça.

Figura 2. *Berenice – Segundo desenho.*

Mostrei os desenhos aos pais de Berenice e pedi que me dessem suas impressões. Ambos elogiaram a filha pela qualidade dos desenhos, mas não conseguiam saber o que dizer sobre os temas desenhados. De novo perguntei a Berenice o que diria sobre os desenhos, mas ela apenas sacudiu os ombros, sem nada dizer. Eu disse que minha impressão da primeira imagem era que ela parecia sugerir que só se pode ver o que é visível, ou seja, que talvez Berenice pudesse estar mostrando que seja lá o que for que alguém estivesse pensando sobre o que os patos estavam fazendo, jamais seria possível saber o que se passava abaixo da superfície do lago. Tomando muito cuidado com meu tom de voz, eu disse que a maneira como Berenice havia se desenhado no grupo da família, parecia sugerir que ela não se sentia como real membro da família. E Berenice começou a chorar. Eu resolvi segurar os dois desenhos, colocando cada canto de folha exatamente em cima dos cantos da outra e mostrei a Berenice (Figura 3) como a árvore com frutas parecia se casar com as marcas que ela havia desenhado em seu rosto, criando a impressão de lágrimas. E a figura de sua mãe estava completamente justaposta com a outra árvore, mas como esta árvore era tão vazia, eu fiquei com a impressão de que ela pudesse estar preocupada de que algo estivesse acontecendo com sua mãe. Sua resposta surpreendeu seus pais: Berenice começou a chorar mais intensamente e disse que ela sabia que sua mãe estava doente, desde que sua tia havia lhe contado isso, mas ela não tinha ideia de qual seria o problema.

Figura 3. *Berenice – Desenhos superpostos.*

Berenice e sua mãe estavam pegando lenços de papel e se aproximando uma da outra. O Sr. B estava perturbado, mas claramente aliviado por ver que, finalmente, mãe e filha haviam se aproximado uma da outra.

Combinamos uma nova entrevista e quando vi a família duas semanas mais tarde, soube que Berenice estava "muito melhor", assistindo às aulas normalmente e dando muito mais apoio à sua mãe. Eu os vi uma terceira vez e a melhora havia persistido. Aparentemente, os médicos que tratavam a Sra. B haviam decidido adiar a intervenção cirúrgica e ela se sentia mais tranquila sobre sua condição.

Comentário

Considerando os desenhos separadamente, a mensagem de que Berenice se sentia excluída da família está claramente exprimida no segundo desenho. Quanto ao primeiro, a ideia de que apenas o que está na superfície da água pode ser claramente visível, poderia ser deduzida do que seus pais haviam me contado sobre os problemas de saúde de sua mãe. Mas a mensagem crucial de que Berenice estava preocupada sobre a saúde de sua mãe só ficou reconhecível quando as duas imagens foram superpostas – a aparência feliz, sorridente da sua mãe estava agora situada dentro de uma árvore vazia.

Seria possível argumentar que, tendo ouvido dos pais sobre a doença da Sra. B e também de sua convicção de que Berenice não sabia do que estava acontecendo, seria possível deduzir que o comportamento de Berenice era uma reação, uma externalização de suas preocupações e angústias. Entretanto, quando essas ansiedades são identificadas e postas em palavras, como sendo as mensagens contidas nos desenhos de Berenice, essas hipóteses e interpretações se tornam mais convincentes.

Emília

A Sra. E consultou um psicanalista de crianças por estar preocupada com a possibilidade de que sua filha, Emília, pudesse estar mostrando sinais de algum problema emocional grave. Emília estava sofrendo de sonambulismo e sua mãe achava que havia algo anormal nos seus movimentos e resolveu buscar ajuda. O analista recomendou tratamento analítico e, considerando a área onde a família morava, sugeriu que me consultassem, pois a clínica onde eu trabalhava ficava perto de sua residência.

Quando os pais vieram me ver com Emília, disseram que ela havia começado a andar dormindo cerca de 3 meses antes. Ela apresentara esse problema pela primeira vez durante cerca de 2 semanas ao fim do ano escolar, mas isso desapareceu quando a família saiu de férias. Durante o mês antes de virem me ver, Emília de novo voltara a andar como se estivesse dormindo. Ela andava pela casa com seus braços esticados, agarrando qualquer coisa que aparecesse no seu caminho. Uma vez segurando alguma coisa, ninguém conseguia arrancar aquilo de suas mãos. Esses episódios também aconteciam quando a família saía para viajar de carro. Emília adormecia subitamente e permanecia neste estado por longos períodos, sem que os pais conseguissem despertá-la. Às vezes também acontecera que Emília caíra num sono profundo quando sentada com seus pais na sala de visitas. Surpreendentemente, quando ela ia dormir de noite na sua cama, nada semelhante acontecia.

Emília era uma menina de 9 anos de idade, alta, atraente, inteligente e aceitou conversar comigo sem dificuldade. Como outras crianças de classe média superior, ela havia feito exame de admissão para uma das escolas particulares daquela área. Tudo indicava que ela conseguiria um lugar naquela escola de alto nível acadêmico, mas Emília comentou que tinha medo de que não conseguisse dar conta das exigências da escola. Emília nos contou de sua vida em casa e na escola, mas depois de algum tempo pensei que ela não expressaria sentimentos ou ideias que pudessem magoar seus pais. Assim sendo, resolvi levar Emília para outra sala e deixei seus pais conversando com a assistente social da clínica.

O Sr. e a Sra. E contaram à minha colega a história de sua família e descreveram os primeiros anos de vida de Emília. Eles estavam na casa dos 30 anos de idade. O Sr. E ocupava uma posição de destaque no mundo dos negócios e sua esposa se dedicava a cuidar dos seus filhos. Emília tinha um irmão de 5 anos de idade e uma irmã com 3 anos, ambos descritos como normais e crescendo sem problemas. Emília havia reagido com muitos ciúmes quando seu irmão nasceu, mas a caçulinha foi tratada como se fosse "sua bonequinha querida". Os pais achavam que Emília jamais havia dado razões para que se preocupassem, sempre se desenvolvendo dentro de parâmetros normais. Considerando o relato dos pais, era difícil imaginar o que poderia explicar os problemas que Emília agora apresentava.

Quando Emília estava na minha sala, parecia bem relaxada e à vontade, mas minhas perguntas não pareciam nos levar a coisa alguma que parecesse importante para explicar seus sintomas. Eu lhe ofereci umas folhas de papel e alguns lápis e sugeri que desenhasse alguma coisa de seu interesse. Ela fez um desenho muito colorido (Figura 4) começando com um cisne numa posição algo angular e de aparência estranha, e aos poucos foi criando uma cena que ela descreveu como acontecendo num sítio que sua família possui fora da Inglaterra. Ela desenhou o sol, a margem do rio e uma cabana no lado direito da folha, explicando que era a reprodução da casinha em que vivem. Ela então desenhou seu pai pescando, uma linha de trem passando nos fundos do terreno e também uma ponte com um portão. O carro da família foi o último detalhe para completar essa cena supostamente idílica. Emília me contou dos muitos dias felizes que ela tivera com sua família naquela casa de campo – nenhum sinal de conflito ou infelicidade. Ficou claro que nada mais surgiria da análise daquele desenho e decidi sugerir que ela fizesse mais um.

Figura 4. *Emília – Primeiro desenho.*

Emília ficou olhando a folha de papel, pensando o que fazer e com um sorriso maroto me disse que faria um desenho utilizando todas as letras do alfabeto. Ela começou (Figura 5) com um A enorme e tão logo completou o B, que compôs uma imagem de tenda, um tom de excitação surgiu em sua voz, crescendo à medida que anunciava cada letra: o 'C' acabou parecendo um 'D' quando visto junto com a linha vertical do 'B' e eu achei que isso significava que os elementos gráficos podiam mudar seu significado, dependendo de como eram considerados.

Figura 5. *Emília – Segundo desenho.*

Infelizmente, eu não conseguiria identificar cada letra que se seguiu, mas devia ser importante que o "I" ('eu' em inglês) foi ilustrado como sendo a lança usada pelos índios (ilustrados dentro do 'G', junto da árvore no lado esquerdo do desenho). Um "cowboy" estava amarrado à árvore e, do outro lado do desenho, três índios estavam junto de um caldeirão em cima de uma fogueira.

Emília explicou que esses índios tinham esposas. Cada uma das três esposas tinha três filhos e estavam todos dentro da tenda. Conforme ela chegava ao fim do alfabeto, sua excitação aumentava. Os índios eram os "bandidos" e seu chefe, montado num cavalo, foi tema de comentários mais detalhados sobre como era agressivo e vingativo. Olhamos juntos os desenhos e discutimos a diferença tão acentuada entre as duas imagens. A violência e a morte iminente do quadro com os índios não pareciam ter qualquer ligação com a paz bucólica do primeiro desenho.

Eu pus os dois desenhos juntos, um em cima do outro (Figura 6), explicando a Emília que faríamos de conta que os dois desenhos eram um só. Frisei que não se tratava de fazer coisas se combinarem, mas sim de garantir que os cantos de cada folha estivessem bem casados com os da outra. Então levantei as duas páginas e as segurei na direção da luz da janela junto de nós.

Figura 6. *Emília – Desenhos superpostos.*

Emília comentou que o cisne estava dentro da tenda. Eu chamei sua atenção para a superposição do chefe dos índios e a figura do seu pai: ela ficou muito surpresa e seu rosto mostrava claramente o quanto estava embaraçada. Eu perguntei se seria possível que ela gostasse de pensar no pai como uma pessoa tranquila e generosa, realmente não querendo ter pensamentos negativos sobre ele, como era a imagem do Chefe índio. Ela abaixou a cabeça e, muito baixinho, confirmou que isso era verdade. Depois de uma pausa, Emília me contou as discussões que ocorriam ocasionalmente entre seus pais, e o quanto isso lhe assustava. Ela sentia que, invariavelmente, um dos pais ficava do seu lado e a defendia do outro. Sugeri que nessas ocasiões ela temia que seu pai pudesse ficar tão violento quanto o Chefe dos índios. Ela sorriu, dizendo que isso era verdade e passou a demonstrar a maneira com que o tom e o volume da voz do pai mudavam, fazendo suas palavras soarem muito ameaçadoras.

Voltamos a nos juntar com os pais e a assistente social e eu expliquei que, a meu ver, o sonambulismo da Emília estava ligado a fatores emocionais, mas considerando a intensidade de suas aflições e a maneira tão atípica do sintoma, eu recomendaria uma avaliação pediátrica da situação. O Sr. e a Sra. E ficaram muito satisfeitos com essa ideia e, eventualmente, recebemos um relatório de que nenhum fator físico havia sido encontrado que pudesse estar causando os distúrbios de sono de Emília.

Vi Emília novamente algumas semanas mais tarde. Discutimos como ela ia passando e ela pediu para fazer um desenho (não reproduzido aqui). A figura mostrava como as pessoas podem lidar com situações perigosas de maneiras diferentes e Emília exprimiu sua opinião de que uma das maneiras mais eficientes de se defender de uma situação perigosa era fechar os olhos: e ela sorriu, reconhecendo a ligação com seus problemas de sono perturbado. Ela repetiu suas palavras, dizendo o quanto ficava assustada quando o pai perdia o controle e começava a gritar.

Quando vi os pais de Emília duas semanas mais tarde, eles me contaram que não haviam ocorrido novos episódios de sonambulismo. De fato, eles falavam como se já tivessem se esquecido deste problema. Eles riram quando perceberam que não sabiam dizer quando tal acidente havia acontecido pela última vez. Depois de alguma discussão, a Sra. E desandou a rir e disse que talvez a última vez tivesse sido quando haviam visto o pediatra. Ela deu gargalhadas quando admitiu que realmente não queria atribuir muita importância às entrevistas comigo. O clima emocional da família havia, obviamente, melhorado dramaticamente. O casal agora resolveu me contar que Emília havia apresentado um novo sintoma: era impossível acordá-la de manhã e ela ficava praticamente adormecida até se sentar à mesa, tomando seu café. Antes que eu pudesse fazer qualquer comentário a respeito, a Sra. E me contou que a verdade era que seu marido sofria exatamente os mesmos problemas toda manhã.

Vi Emília alguma vezes mais nos meses seguintes. Não haviam ocorrido novos episódios de sonambulismo e os problemas matinais também haviam desaparecido. Ela obteve uma vaga na escola de altos níveis acadêmicos e se adaptou perfeitamente às novas situações.

Comentário

Focalizando cada desenho separadamente, seria possível deduzir que Emília estava tentando manter sob controle uma visão ambivalente do mundo em que vivia. Só quando os dois desenhos foram superpostos foi que Emília pode reconhecer e admitir sentimentos de angústia resultantes de sua percepção do pai como uma pessoa que podia perder o controle e se portar de maneira assustadora. Supostamente, ela sentiu que a minha reação lhe permitia articular sentimentos e fantasias que ela aprendera a manter em total segredo. Talvez esses não fossem sentimentos completamente inconscientes, mas as semanas que se seguiram à nossa consulta demonstraram claramente que seu "sonambulismo" era a única maneira com que ela conseguira mostrar a si mesma e à sua família que ela estava enfrentando sentimentos que não conseguia dominar. Encontrando uma maneira de exprimir suas ansiedades e talvez até reconhecendo ela mesma a intensidade de seus medos, a ajudaram a abandonar o sintoma/ linguagem do sonambulismo.

Beth

A mãe desta menina de 10 anos procurou ajuda porque não conseguia mais aguentar o grau e frequência de seus desafios e revoltas. Um filho mais velho e duas filhas menores foram descritos como tranquilos e amáveis, conquanto Beth frequentemente provocava as irmãs com brigas e discussões. Em contraste, Beth não apresentava problemas na escola e tinha uma vida social normal e bem ativa com amigos e vizinhos.

Ficamos sabendo que a Sra. B havia se divorciado de seu marido pouco depois do nascimento da última filha. Eles continuaram a manter uma relação amistosa e a Sra. B parecia até gostar da nova esposa de seu ex-marido. Mas das quatro crianças, Beth era a única que sentia saudades dos dias em que tinha a companhia de seu pai. A Sra. B descreveu uma ocasião recente em que ela ficara tão zangada com Beth que havia pedido ao Sr. B que a levasse para sua casa por alguns dias. Aparentemente, Beth adorou isso e seu comportamento em casa melhorou – por alguns dias.

Quando vi Beth, achei bem difícil estabelecer um diálogo com ela. Fiquei sabendo que sua mãe havia lhe dito que a razão por que vinham me ver era para discutir comigo qual seria a melhor escola para fazer seu curso ginasial. Acontece que Beth estava satisfeita com a escola que já havia escolhido e tinha certeza de que conseguiria uma vaga. Gradualmente, conseguimos ampliar o campo de nossa conversa e Beth me disse que tanto ela como seus irmãos estavam bem felizes com a separação de seus pais, uma vez que haviam permanecido bons amigos, enquanto que, quando viviam juntos, brigavam violentamente o tempo todo.

Perguntei à Beth se ela concordaria em fazer um desenho. Como em consultas semelhantes, eu havia preparado um bloco de desenhos e alguns lápis e canetas. Beth hesitou por alguns momentos e então desenhou dois rostos (Figura 7).

Figura 7. *Beth – Primeiro desenho.*

Eu lhe perguntei porque o rosto maior não tinha olhos, mas ela apenas sacudiu os ombros, murmurando "não sei..." Considerando as expressões dos dois rostos, perguntei como ela as descreveria e ela escreveu "jovem, feliz" e fez uns rabiscos no começo de uma terceira palavra que ela não conseguiu me dizer qual seria. Depois, acrescentou "velho, feliz" junto do rosto menor. De novo encontramos a mesma dificuldade em estabelecer um diálogo e sugeri que ela fizesse um outro desenho. Ela folheou as páginas do bloco e eventualmente desenhou uma menina (Figura 8) a quem descreveu como "menina, alegre", mas novamente sem outros comentários.

Figura 8. *Beth – Segundo desenho.*

Decidi tentar e ver o que aconteceria se as duas páginas fossem superpostas (Figura 9) e vi que a cabeça da menina se casava perfeitamente nos olhos do "jovem". Eu expliquei minha "manobra" como sendo uma maneira de fazer de conta de que os desenhos fossem, de verdade, um só. E perguntei a Beth o que ela achava da imagem resultante. Ela ficou pensativa e enquanto eu buscava que palavras usar para descrever a posição da cabeça da menina nos olhos do jovem, Beth disse "ela é a menina dos seus olhos". Depois de uma pausa, eu perguntei se era assim que ela acreditava que seu pai a via – "é, é o que eu acho".

46 IMAGENS DIVIDIDAS

Figura 9. *Beth – Desenhos superpostos.*

Eu vi Beth em outra entrevista e, desta vez, ela falou um pouco mais livremente de seus sentimentos sobre seus pais. Sentia-se feliz de que houvessem permanecido amigos e lamentava que tivessem tantas brigas quando viviam juntos. Ela me falou um pouco de seus sentimentos sobre seus irmãos, mas o ponto principal que ela queria exprimir era sua convicção de que não precisava de ajuda. Ela tinha certeza de que obteria uma vaga na escola que queria e se sentia perfeitamente feliz vivendo em seu círculo de amigos e colegas. Por sua parte, a Sra. B marcou consultas particulares com um psicoterapeuta e só entrou em contato conosco alguns meses mais tarde, para nos informar que Beth parecia uma menina mais feliz e que as duas raramente tinham as confrontações que as haviam levado a nos consultar.

Comentário

Examinando os desenhos de Beth seria possível argumentar que a justaposição dos olhos do homem e a cabeça da menina era apenas uma coincidência, mas assim mesmo isso permitiu a ela reconhecer e concordar com a óbvia interpretação resultante dessa superposição. O desejo de Beth de ser a filha favorita de seu pai era bem consciente, mas ela certamente havia evitado que este desejo fosse uma comunicação explícita.

Daniel

Daniel estava com 7 anos e meio de idade quando sua mãe o trouxe para me consultar. Ele era encoprético desde os 3 anos de idade e sua mãe me contou que inúmeras receitas e técnicas recomendadas por múltiplos profissionais jamais haviam produzido qualquer resultado. Daniel tinha um irmão com 3 ½ anos de idade. Daniel havia frequentado um jardim de infância em sua vizinhança e agora ia a uma pequena escola primária, cujos professores sempre o elogiavam, entusiasmados com sua inteligência. Sua relação com professores e colegas era excelente. A Sra. D havia tentado estabelecer alguma relação entre o sujar-se e outros fatores na vida de Daniel, mas de fato não acreditava que existissem tais conexões. Do ponto de vista cronológico, o sujar-se havia começado por volta da época em que seus pais se separaram, mas a Sra. D dizia que isso não passava de uma coincidência. Curiosamente, Daniel só se sujava quando estava em casa e geralmente quando voltava da escola, mas só com muita relutância é que a Sra. D aceitava a possível correlação entre o sintoma e sua presença, insistindo que o sujar-se também poderia ocorrer se Daniel estivesse longe dela por algum período longo, algo que jamais acontecera.

A Sra. D trouxe Daniel e seu irmão à consulta. O pequenino conseguiu se entreter com alguns brinquedos e permaneceu virtualmente silencioso durante toda a entrevista, sendo ignorado tanto por Daniel quanto pela Sra. D. Daniel se dirigiu para uma mesinha onde encontrou uma casa de bonecas, brinquedos, papel e canetas. Ele respondia às minhas perguntas facilmente e num tom de voz amistoso, mas sem mostrar qualquer interesse em estabelecer uma conversa. De sua parte, a Sra. D era praticamente impossível reduzir o fluxo e a velocidade de seus relatos! Imaginei que Daniel sabia que sua mãe gostava de dominar as conversas e, consequentemente, procurava ficar quieto.

Daniel tentou brincar com alguns brinquedos, mas preferiu desenhar. Eu reparei sua preferência por cores escuras e curiosamente ele parecia estar fazendo comentários sobre seus desenhos mas, em vez de lhe perguntar o que estava fazendo, decidi perguntar à Sra. D sobre a história da família. Ela era uma mulher muito atraente. Nascera num país do continente europeu e sua fala era intensa e emocionalmente rica, usando rosto e corpo para enfatizar as nuances e implicações de cada história que me contava. Ela respondia às minhas perguntas, mas várias vezes senti que ela como que encaixava minhas perguntas num roteiro de sua escolha; outras vezes eu tinha a impressão de que ela passava de um a outro tema seguindo alguma direção associativa que ela talvez não conseguisse explicar, se eu lhe perguntasse. Apesar de nos encontrarmos no início da manhã, a Sra. D estava cuidadosamente maquilada. Evidentemente ela tinha seu estilo típico de conversar e se relacionar com outras pessoas. A aparência das crianças sugeria o quanto ela lhes ensinava como cuidar de suas roupas e como se comportar na presença de estranhos. E, apesar disso tudo, Daniel sofria de encoprese e seu irmão ainda molhava a cama todas as noites. Tendo em vista que no correr de seus relatos a Sra. D não se dirigira às crianças nem uma vez, acabei pensando que apesar de ser tão meticulosa no que se referia à apresentação dos filhos ao mundo externo, ela não tinha muita capacidade de cuidar de suas necessidades físicas e emocionais.

A Sra. D era filha única. Seu pai abandonara a família quando ela era bem pequena e ela havia passado a maior parte de sua infância numa escola de tempo integral. Ela me contou com muito entusiasmo de sua experiência de trabalho, conhecendo locais e pessoas interessantes e excitantes, uma delas sendo o homem que era o pai de Daniel. Ela o descreveu como um inglês gentil e reservado. Eles haviam se casado e vivido juntos no país de origem da Sra. D, onde eram muito felizes. Por alguma razão, decidiram viver na Inglaterra, mas pouco depois que aqui chegaram, os conflitos começaram. Eventualmente, se separaram quando Daniel tinha 3 anos de idade, mas a Sra. D não pretendia voltar ao seu país de origem. Daniel visitava seu pai quinzenalmente e ele me disse do quanto gostava do tempo que passavam juntos.

A Sra. D voltou a se casar depois de um ano e seu segundo filho nasceu alguns meses mais tarde. Segundo ela, o segundo marido não conseguira "conquistar" Daniel e, de fato, tinham uma relação bem difícil. Eu me perguntava que papel teria a encoprese neste quadro. A Sra. D me contou que o pai de Daniel achava que cabia a ela lidar com as consequências desse problema. Quando eu mencionei a enurese do caçula, a Sra. D simplesmente sacudiu os ombros. Sim, havia momentos em que ficava irritada e impaciente de ter que lidar com as consequências disso, mas o pequeno tinha apenas 3 ½ anos de idade e ela não queria criar caso com um problema que ela tinha certeza que desapareceria mais cedo ou mais tarde. Pensei no que o menino poderia estar sentindo sobre sua falta de controle, mas achei melhor nada dizer a respeito.

Daniel se mexeu como se quisesse nossa atenção. Ele havia feito vários desenhos e parecia querer me contar algo a respeito deles. Pedi desculpas à Sra. D e voltei-me para Daniel. Seu irmão continuava a brincar sozinho e a Sra. D preparou-se para ouvir o que Daniel diria e para acompanhar minhas perguntas e comentários. Assim que Daniel percebeu que eu estava voltado para ele, ficou cada vez mais expansivo, num "crescendo" de emoções e velocidade no que me dizia. Não que perdesse o controle, pois conseguia parar e prestar atenção quando via que eu queria dizer alguma coisa. Ele queria ter certeza de que eu havia compreendido o que ele queria me dizer. Entretanto, era curioso ver como o menino tão quieto e pensativo podia, gradualmente, entrar num ritmo de comunicação tão semelhante ao de sua mãe.

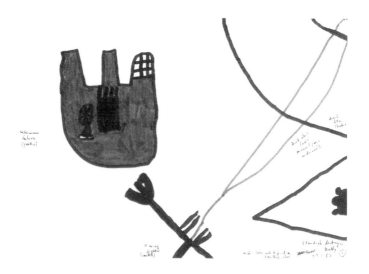

Figura 10. *Daniel – Primeiro desenho.*

Daniel havia desenhado cenas de um programa de televisão que cativava as crianças naquela época (Figura 10). Ele me disse o nome das várias aeronaves e me explicou o que caracterizava cada uma delas: uma enorme Millenium Falcon pertencia aos heróis e estava sendo atacado por um Star Dish Destroyer e uma Estrela da Morte. Uma X-Wing chegava para socorrer a Millenium Falcon, mas a Estrela da Morte acabara de atirar um raio de *laser* na Falcon – por sorte, havia falhado ("o raio passou por baixo dela"). Daniel me explicou que logo novos tiros de *laser* seriam dirigidos contra a X-Wing e outras aeronaves.

Figura 11. *Daniel – Segundo desenho.*

O segundo desenho (Figura 11) mostrava o E.T., o extraterrestre, de pé sobre a terra, com aspecto ultratriste e desesperado. A porta de sua aeronave estava prestes a se fechar e deixá-lo para trás. O céu estava escuro e ameaçador, com uma pobre, pálida lua. Daniel fez um terceiro desenho (Figura 12) ilustrando o Super-Homem, com expressão de total confiança em suas habilidades, de pé junto a um edifício enorme. Examinei cuidadosamente cada desenho e Daniel me explicou a diferença entre o desesperado, ainda que querido, E.T. e o ultrasseguro Super-Homem.

Figura 12. *Daniel – Terceiro desenho.*

Decidi ver o que aconteceria se superpuséssemos os dois primeiros desenhos. Segurei as duas folhas de papel, cuidadosamente acertando seus cantos, um sobre o outro, e os examinei contra a luz que vinha da janela (Figura 13). Daniel olhou as imagens superpostas e achou o resultado bem divertido.

Figura 13. *Daniel – Desenhos superpostos.*

Agora, era o E.T. que era atingido pelos tiros de laser dos bandidos. Daniel rompeu em gargalhadas e depois de uma breve pausa começou a me contar um sonho em que era perseguido por uma feiticeira. O sonho parecia não ter fim! Daniel atravessava túneis com a feiticeira que o perseguia. Tão logo saía de um túnel, se via dentro de outro – e, de novo, a feiticeira atrás dele, "segurando uma vassoura com que queria me bater e me transformar numa formiga". Neste ponto, chamei sua atenção para a forma do "X-wing": parecia uma vassoura e Daniel moveu a cabeça para indicar que concordava comigo, mas ele queria mesmo era continuar seu relato do sonho. Explicou que um dos túneis estava cheio de formigas e havia também um rio com uma enorme árvore junto da água, de onde ele pulava para a outra margem – e mais detalhes sem fim, frisando os perigos de sua perseguição.

A Sra. D acompanhava esse relato com atenção, mas, se por um lado parecesse fascinada com os passos que Daniel seguia dos desenhos para seu sonho, ao mesmo tempo sentia-se claramente irritada ou embaraçada e isso lhe levava a interromper ou mesmo tentar parar as histórias de Daniel. Eventualmente, Daniel parou seu relato. Ele chegara ao fim do sonho e agora me olhava fixamente, esperando algum comentário meu. Eu pensei nos desenhos superpostos e pensei que o tiro de laser que havia deixado de atingir o Millenium Falcon, havia de fato ferido não só o E.T. na outra página, como também a aeronave aliada X-wing – que eu estava inclinado a considerar uma representação de sua mãe. Só mais tarde me lembrei das interrupções da Sra. D e pensei se isso poderia ser uma "reprodução" do sonho, ou seja a feiticeira tentando pegar Daniel.

Mas decidi não mencionar essas ideias ligadas aos desenhos. Em vez disso, resolvi me concentrar no seu sonho. Eu disse a Daniel que achava que os túneis, o rio e todos os elementos tão assustadores na sua tentativa de fugir de uma feiticeira que o perseguia, representavam sua ideia do que se passava dentro de sua barriga. O rosto de Daniel se iluminou com um imenso sorriso e ele olhou para sua mãe, como se tentasse entender o que ela achava de minhas palavras. A Sra. D estava claramente surpresa e chocada com meu comentário e ela não conseguia esconder o quão absurdas ela considerava minhas palavras. Chamei sua atenção para a expressão de Daniel, claramente mostrando como concordava com o que eu dissera e a Sra. D resolveu não exprimir abertamente seu desacordo.

Expliquei à Sra. D e a Daniel que as funções do corpo precisam de uma ajuda externa antes que alcancem um funcionamento independente e regular. Os problemas de Daniel resultavam do que ele imaginava que acontecia dentro de sua barriga e ele precisava da ajuda da mãe para regularizar o ritmo de funcionamento de seu intestino. Frisei a importância dela colocá-lo sentado no vaso de manhã e de noite, sempre à mesma hora, para ele conseguir dominar seus medos e alcançar um ritmo regular de defecação. Também sugeri que fizessem uma tabela, onde anotassem seu progresso, dando-lhe pontos por sucesso e tirando pontos quando não conseguisse defecar: sempre visando alcançar um número de pontos quando ele ganharia um prêmio que ambos escolheriam no início deste processo. A Sra. D sorriu e disse que tentaria fazer isso.

Marcamos uma nova entrevista para 3 semanas mais tarde, mas a Sra. D telefonou para a clínica no dia anterior para dizer que o encontro não era necessário, pois desde o dia de nossa primeira sessão Daniel não mais havia se sujado. Ela já havia lhe dado o prêmio que haviam concordado que ele receberia depois de duas semanas "limpas" e Daniel estava convencido de que ganharia novo presente depois de mais uma semana limpa.

Para minha surpresa, a Sra. D insistiu que a secretária me transmitisse sua convicção de que o "sujar-se" havia desaparecido devido ao que eu lhe havia explicado. Ela disse que jamais teria imaginado que isso fosse possível, mas ela tinha que reconhecer os fatos.

Algumas semanas mais tarde a enfermeira do bairro confirmou que o progresso inicial havia sido mantido.

Comentário

Eu certamente acredito que foi o fato de Daniel ver a superposição dos desenhos que o levou a reconhecer e lembrar-se de seus sonhos. As imagens escolhidas por seu inconsciente para construir os sonhos eram muito diferentes daquelas ilustradas em seus desenhos, mas em ambas encontramos os bandidos perseguindo os bonzinhos – a fantasia inconsciente de Daniel de ser a vítima das instruções e exigências de sua mãe: uma interpretação que poderia explicar o local e as ocasiões em que a encoprese ocorria. Entretanto, também devemos levar em conta a importância da mudança de atitudes da Sra. D, que deveria ter levado Daniel a vê-la não como a feiticeira que o perseguia, mas como a mãe amorosa que lhe ajudava a conseguir controle do funcionamento intestinal. Uma mudança essencial para complementar a descoberta de Daniel do significado de seus sonhos.

Felipe

O comportamento agressivo de Felipe vinha causando sérios problemas na sua vida escolar. Os professores haviam tentado várias técnicas para ajudá-lo a se controlar, mas nada haviam conseguido. Para complicar a situação, quando a escola entrou em contato com a Sra. F e tentou obter sua cooperação, ela se voltou contra os professores, acusando-os de discriminar contra Felipe e culpando-os pelo seu comportamento. Os professores e o psicólogo educacional organizaram uma série de reuniões com a Sra. F, mas estas não haviam produzido qualquer resultado positivo. Pedir a ajuda do psiquiatra infantil foi a sugestão seguinte da escola e, com muita relutância, a Sra. F aceitou fazer isso.

Como seria de prever, nosso encontro foi "gauche". Tudo que eu dizia era interpretado como se eu fosse um agente da escola. Eu estava vendo Felipe na clínica de orientação infantil do bairro e esta era, de verdade, parte dos departamentos da autoridade educacional daquela comunidade. Do ponto de vista prático, eu tinha que tomar muito cuidado com minhas perguntas, uma vez que tanto Felipe como sua mãe jamais concordariam em discutir qualquer coisa que não fosse ligada ao seu problema de comportamento na escola. Minha técnica usual seria obter uma história da família e fazer perguntas à criança e aos pais sobre assuntos que poderiam me ajudar a obter uma imagem da dinâmica da família e compreender o problema da criança – tudo isso devia ser posto de lado e eu tinha que me concentrar em perguntas sobre a relação entre Felipe e seus colegas e professores.

Felipe tinha 13 anos de idade. Ele não apresentara problema algum durante seu curso primário e, aparentemente, só quando começou o ginásio, aos 11 anos, foi que surgiram problemas na sua vida escolar. Seu progresso acadêmico era apenas satisfatório, mas isso era considerado compatível com suas habilidades. Era o comportamento de Felipe e sua atitude geral para com a escola que haviam despertado a preocupação dos professores. Entretanto, esses problemas haviam aumentado depois que Felipe sofrera um acidente na escola, levando um tombo num aparelho de ginástica quando brincava com outros meninos. Ele sofrera um corte enorme, que necessitou intervenção cirúrgica. Infelizmente, esta deixou uma cicatriz na sua bochecha e não demorou muito para que seus colegas descobrissem que podiam perturbar Felipe chamando-o de "cicatrizinho", "Frankenstein" e outros apelidos.

A Sra. F me contou que tinha um emprego na vizinhança e isso lhe ajudava a cuidar de seus filhos sem maiores dificuldades. Seu casamento havia terminado alguns anos antes, mas ela não queria me dar maiores detalhes sobre isso. Ela considerava Felipe um garoto normal, bom, de capacidades médias e frisou o quanto a família o estimava – era evidente o quanto ela estava convencida de que os problemas do rapaz eram restritos à sua vida escolar. Ela conseguia admitir que a puberdade representava um período difícil para um rapaz e que Felipe apenas chegara a esta fase. Durante todo o tempo de nossa conversa Felipe estava sentado junto de sua mãe e eu tinha a impressão de que ele nada diria que pudesse perturbar sua mãe.

Eu disse a Felipe que talvez ele gostasse de fazer um desenho. Ele hesitou e me pediu para lhe dar um tema. Eu sugeri que ele fizesse um desenho de si mesmo (Figura 14).

O desenho dava grande prominência à cicatriz que tanto o perturbava. Evidentemente, não faria sentido eu comentar que a cicatriz da bochecha não me parecia tão visível quanto ele a havia representado. E agora eu não sabia como continuar... Eu tinha certeza de que a vivência de revolta ao ser chamado por apelidos, não podia se dever exclusivamente à cicatriz no seu rosto. O tom de voz de Felipe continha um elemento de insegurança e vulnerabilidade que poderiam ser devidos às circunstâncias de nossa entrevista, mas o quadro que ele e sua mãe haviam pintado de sua vida na família e na sua comunidade pareciam sugerir um elemento de autoconfiança que deveria ter lhe ajudado a não se tornar uma vítima tão vulnerável aos insultos e deboches dos colegas. O fato dele se tornar uma vítima tão fácil me fez pensar na possibilidade de que houvessem outras feridas que estavam sendo atingidas por seus colegas.

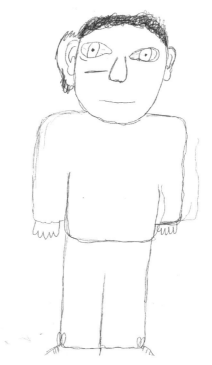

Figura 14. *Felipe – Primeiro desenho.*

Acontece que tão logo entraram na minha sala, eu havia notado que a Sra. F também tinha uma cicatriz logo abaixo de seu olho. Tendo em conta todas as barreiras que a Sra. F levantara, resistindo a qualquer tipo de investigação pessoal, eu achei que não seria bem recebido eu lhe perguntar a que se devia essa cicatriz. Escrevendo estas linhas, eu sinto que deveria ter oferecido uma explicação para o que se seguiu, mas isso seria sempre uma dedução *ex post facto* e não um relato honesto do que se passou no meu pensar consciente. Perguntei ao Felipe se ele seria capaz de fazer um desenho de sua mãe. Ele sorriu, meio sem jeito, e a Sra. F fez uma expressão sugerindo que achava divertida a minha ideia, mas ela parecia curiosa para ver o que o filho faria.

Felipe desenhou sua mãe com extrema facilidade (Figura 15).

Figura 15. *Felipe – Segundo desenho.*

Ela ficou encantada com o lindo sorriso que ele pôs em seu rosto e Felipe ficou, obviamente, prosa e feliz com o prazer de sua mãe. Olhei o desenho, elogiei o quanto ele fizera parecer fácil compor a imagem e acrescentei alguns adjetivos sobre o alto nível do desenho. Depois de uma pausa, eu pus os dois desenhos um em cima do outro, explicando como o fazia, e mostrei as folhas a Felipe (Figura 16).

Figura 16. *Felipe – Desenhos superpostos.*

Ele ficou surpreso e, claramente, perturbado – ele não imaginava que houvesse posto as imagens em posições tão semelhantes na página. Eu disse a Felipe que não podia deixar de notar que os desenhos superpostos faziam aparecer uma cicatriz sob o olho de sua mãe – enquanto isso não aparecia no desenho original que a representava. Para meu total espanto, Felipe desandou a chorar. A Sra. F ficou algo embaraçada com a reação inesperada de seu filho, mas conseguiu formar um sorriso e me explicou que ela não tinha nenhuma cicatriz e sim uma área de descoloração cutânea. Imagino que Felipe falou sem analisar suas palavras: ele disse que sempre pensara que ela tinha uma cicatriz resultante das inúmeras surras que sofrera de um companheiro que havia vivido com eles quando ele tinha 6 anos de idade. A Sra. F ficou enormemente perturbada ao ouvir essas palavras. Ela disse que jamais soubera que Felipe tivesse qualquer lembrança daqueles acontecimentos ou que ele tivesse sido tão afetado por eles.

Eu havia aberto uma verdadeira caixa de Pandora. Eu disse que, na minha opinião, Felipe devia ter sessões com a psicoterapeuta da clínica, que o ajudaria a elaborar e compreender suas experiências passadas e presentes, mas logo fiquei sabendo que a Sra. F jamais concordaria com novas sessões comigo ou com qualquer outra pessoa. Certa ou erradamente, eu tinha certeza de que tão logo Felipe e sua mãe saíssem de minha sala, a tampa voltaria a cobrir a caixa que Felipe havia aberto por alguns minutos.

A Sra. F aceitou marcar novo encontro, mas não compareceu. Informações subsequentes da escola descreviam Felipe como um jovem que necessitava de ajuda profissional.

Comentário

É impossível saber como essa entrevista teria continuado se Felipe não houvesse feito seus dois desenhos e eu não tivesse feito os comentários que fiz quando vi a imagem resultante da superposição dos desenhos. Entretanto, estou convencido de que o impacto emocional da minha pergunta a Felipe se deve ao fato de ele reconhecer que, por mais que ele houvesse respeitado os sentimentos de sua mãe e não desenhasse a anormalidade de sua pele no desenho que fizera dela, seu inconsciente havia formulado um sinal, revelando sua percepção daquela anormalidade – e a interpretação que ele fizera daquilo. Felipe havia expressado nos desenhos a presença de sentimentos e lembranças que jamais articularia em palavras. Só recorrendo aos dois desenhos separados para representar seus sentimentos sobre as cicatrizes sua e a de sua mãe foi que ele conseguiu revelar a presença e o conteúdo de suas vivências traumáticas.

Bárbara

O clínico da família pediu que víssemos essa "menina muito inteligente de 10 anos de idade" porque nos últimos quatro meses, desde o nascimento de seu irmão, Bárbara "se tornara muito ansiosa, com medo de se ver separada de seus pais, deixada sozinha". O clínico achou que isso era provavelmente um caso de "ciúmes de irmãos". Os pais estavam preocupados pela intensidade dos medos da filha, mas também sentiam uma certa irritação pelo grau dos distúrbios provocados na vida normal da família.

A Sra. B era evidentemente estrangeira: um rosto redondo, muito atraente, lábios e olhos sensuais, cabelos escuros e um sorriso cativante – mas nem sua aparência, nem seu sotaque permitiriam que se adivinhasse seu país de origem. Ela veio à consulta segurando no colo um lindo bebê de oito meses que deu uns sorrisos e depois adormeceu por todo o tempo de nosso encontro. Bárbara parecia uma versão em miniatura de sua mãe, mas seu rosto muito atraente e seu sorriso amistoso não escondiam completamente seu estado de tensão e um intenso medo de como se desenrolaria esta entrevista. A Sra. B explicou que Bárbara não queria vir me ver, mas concordara "só por uma única vez".

A Sra. B deu-me informações sobre o país de origem da família – uma das piores zonas de conflito do mundo naquela época. A Sra. B disse que Bárbara queria sua proximidade a todas as horas, entrando em pânico quando a mãe se afastava ou se atrasava quando vinha buscá-la na escola. A Sra. B achava que isso se devia ao grau de aproximação que se desenvolvera entre elas quando o Sr. B esteve fora de Londres por um ano inteiro. Elas haviam visitado o Sr. B no exterior, que foi quando a Sra. B engravidara. Conforme sua gravidez progredia, Bárbara se tornara uma companheira fiel, cuidando dela, ajudando de toda maneira possível e se mostrando uma presença indispensável. Quando o Sr. B voltou para casa, Bárbara se sentira feliz, mas, disse a mãe, algo "deslocada".

A Sra. B me deu muitos exemplos do apego de Bárbara: ela seguia sua mãe quando esta ia ao banheiro, ela tinha medo de dormir e exigia que um dos pais ficasse com ela até que adormecesse, protestava quando a Sra. B ficava muito tempo com o bebê no seu colo, se ressentia quando o pai demonstrava seu carinho com o bebê, vinha ao quarto dos pais no meio da noite, ficava na janela quando se aproximava a hora do pai voltar para casa, ficava ansiosa se um dos pais saía de casa para fazer compras ou por razões semelhantes – mas a ideia de que tudo isso se devesse ao nascimento do irmão só havia sido considerada alguns meses depois de sua chegada ao mundo.

Esses exemplos foram relatados por Bárbara ou sua mãe no decorrer da entrevista. Algumas histórias eram relatadas como divertidas e outras como intrigantes, refletindo as diversas emoções que o comportamento fóbico tende a despertar naqueles que vivem com a pessoa afetada. Quando focalizamos uma criança superdependente, sempre encontramos um adulto cuja reação oscila entre superproteção e certas atitudes que a criança vivencia como rejeição explícita ou implícita.

Uma das situações que mais havia intrigado o casal B ocorrera fora de casa e havia sido desencadeada por um estímulo aparentemente insignificante: quando se preparava para exames na escola, Bárbara tinha que ir à casa do professor para suas aulas. Seus pais costumavam deixá-la na porta e seguiam para fazer umas compras e depois vinham buscá-la. Depois do nascimento do bebê, era o Sr. B quem levava Bárbara às suas aulas. Supostamente, ela imaginara que ele a aguardava sentado no carro, porque quando ele disse um dia que ia tomar uma bebida, mas certamente estaria de volta quando a lição terminasse, Bárbara simplesmente perdeu o controle e desandou a chorar, pedindo a seu pai que ficasse esperando na porta. Mas sua aflição aumentou e ela acabou pedindo ao pai que entrasse e ficasse no apartamento do professor durante a lição. Depois deste episódio, os pais pensaram se deveriam pedir ao professor que viesse ver Bárbara em sua casa.

Não foi difícil conversar com Bárbara. Inicialmente, ela sorriu, algo embaraçada, e sua mãe tomou a iniciativa de contar algumas das histórias acima, mas quando tentei ouvir o que Bárbara pensava, ela aos poucos relaxou e procurou responder às minhas perguntas. Contou-me de sua vida na escola, seu contato com professores e colegas – nenhum problema, ela era uma estudante muito bem sucedida e muito querida pelos colegas. Sabia falar a língua materna de seus pais, apesar de haver nascido na Inglaterra. Ela me contou de parentes que moravam em cidades fora de Londres e também de seu contato com outros que viviam em outros países. Ela me contou que sua mãe tinha um título universitário e que trabalhara como professora até o nascimento do irmão. Quando perguntei qual era o trabalho do seu pai, Bárbara respondeu que não sabia. Seu tom de voz se tornara hesitante, talvez embaraçada e eu não poderia adivinhar a razão para tal mudança. Bárbara voltou-se para sua mãe, mas eu pedi à Sra. B que não ajudasse sua filha naquele momento. Ambas ficaram surpresas por meu pedido e expliquei não ter a menor dúvida de que a Sra. B poderia me dar imediatamente a resposta à minha pergunta, mas naquele momento eu estava mais interessado em saber como Bárbara vivenciava sua vida na sua família. A Sra. B aceitou meu pedido e Bárbara sorriu, hesitante e, com evidente dificuldade, conseguiu prosseguir: "Bem... eu acho... acho que trabalha para o Sr. X" (dizendo seu nome), sempre olhando para sua mãe como querendo confirmação do que dizia. A Sra. B disse que ela não estava certa, mas de novo lhe pedi que não fizesse a correção que queria fazer. Eu sabia quem era o Sr. X, uma pessoa de grande prominência no país de origem dos B e pensei que talvez a nacionalidade deles e o trabalho do Sr. B fossem importantes para compreender as ansiedades de Bárbara.

Bárbara passou a me contar de seus medos. Ela temia que sua mãe pudesse deixá-la para traz e me contou do que acontecera no dia anterior. Toda quarta-feira ela tem aulas de música na escola e ela sabia que sua mãe estaria no portão da escola às 5 horas, quando a aula terminava. A Sra. B sempre lhe diz que chega uns 15 minutos antes das 5 e naquele dia aconteceu que a aula terminou mais cedo. Bárbara foi ao portão e esperava que sua mãe chegasse às 4:45. Chegada esta hora, ela começou a sentir uma crescente angústia e, ainda que estivesse certa de que sua mãe chegaria logo, o fato foi que estava em pânico total quando a mãe chegou. Bárbara explicou que geralmente não sentia o mesmo grau de pânico quando esperava seu pai. Bárbara concordou com sua mãe que esses pânicos pareciam ter começado quando o bebê havia nascido.

A essas alturas, eu já havia formado uma ideia da causa das ansiedades de Bárbara, mas achei que deveria encontrar provas mais convincentes para substanciar minhas impressões. Eu achava que mais perguntas não trariam qualquer esclarecimento adicional e achei melhor sugerir que ela fizesse algum desenho. Ela sorriu, surpresa de meu pedido e eu expliquei que gostaria de obter de sua mãe informações sobre a história da família e, assim sendo, talvez ela "preferisse" desenhar enquanto conversávamos. Sem dúvida, não era a verdade, mas em geral as crianças aceitam essa explicação como válida. Bárbara sentou-se junto de uma mesinha na sala e arrumou folhas de papel e material de desenho.

A Sra. B me contou que seu marido vinha de família ilustre e desde muito jovem havia decidido seguir os passos de seus antecedentes masculinos. Ele cursara o que sua família considerava um dos mais prestigiosos centros educacionais do mundo. De sua parte, a Sra. B vinha de uma família de classe média; seu pai fizera o possível para que seus filhos fossem membros ativos e produtivos de sua sociedade, mas ele se preocupava mais com um ângulo moral e humanístico da vida, do que com os campos políticos ou militares. A Sra. B havia se casado 12 anos atrás, quando seu marido viera visitar sua família. Quando ele foi nomeado para um importante posto no exterior, o casal se mudou para lá e a Sra. B aproveitara a oportunidade para continuar sua educação e obter um diploma universitário. Depois de algum tempo, seu marido saiu do seu posto público para trabalhar no setor privado. Ele era considerado um perito em organização e administração e em pouco tempo havia sido contratado por várias pessoas, inclusive o Sr. X.

A Sra. B estava convencida de que as angústias de Bárbara eram totalmente concentradas nas mudanças que o nascimento do bebê havia causado na vida familiar. A descrição de sua vida e a de seu marido refletiam sua visão de um estilo de vida que ela considerava típico de muitos outros casais modernos, em que os maridos ocupavam altas posições administrativas. O Sr. B não tinha controle algum de seus horários de trabalho, viajava com grande frequência, recebia mensagens telefônicas (quando os vi, não existiam celulares ou computadores...) o tempo todo, que exigiam respostas ou participação de encontros. Horários de refeição raramente transcorriam sem interrupção, festas frequentemente tinham que ser canceladas – mas ela achava que nada disso fosse anormal.

Figura 17. *Bárbara – Primeiro desenho.*

Mas eu sabia que naquela época de nosso encontro havia provavelmente uma dúzia de países com um ou mais Srs. X que requeriam a assistência de um ou mais Srs. B: América do Sul, Oriente Médio, Extremo Oriente, muitas partes da África e alguns países da Europa. Nessa altura da consulta eu não tinha prova alguma para sugerir que esses pensamentos tivessem qualquer importância para explicar as angústias de Bárbara, mas eu continuava convencido de que ela tinha medo de perder de vista seus pais, caso eles fossem atacados por algum inimigo. Mas como encontrar provas para isso? Eu só podia esperar que os desenhos de Bárbara nos dessem alguma pista para esclarecer minhas suspeitas. Ela havia, de fato, feito dois desenhos.

Figura 18. *Bárbara – Segundo desenho.*

O primeiro desenho (Figura 17) mostrava uma boneca de pé. Bárbara riu quando eu perguntei de onde viera a ideia para desenhar essa boneca e apontou para uma prateleira na sala, onde estava sentada uma boneca de pano: ela vira o reflexo da boneca num espelho perto da mesa onde estava desenhando. "Mas aquela boneca está sentada", disse eu. "É... mas eu não sei desenhar bonecas sentadas", respondeu Bárbara. Ela havia, de fato, terminado este desenho quando eu ainda estava falando com sua mãe, de modo que eu havia sugerido que ela fizesse um outro desenho. Ela hesitou alguns segundos e logo pegou nova folha de papel que colocou em cima da primeira. Quando eu vi o segundo desenho (Figura 18) perguntei se ela o havia feito cobrindo o da primeira folha. Ela negou isso, explicando que ela sempre desenha dessa maneira, escolhendo novas folhas que ela dispõe cuidadosamente sobre as anteriores, mas "eu nunca copio ou completo desenhos". O segundo desenho mostrava duas flores, uma vertical e outra horizontal. Eu pedi que me explicasse isso e ela disse que eram narcisos, acrescentando que, dias atrás, havia feito um projeto sobre essas flores na sua escola. Perguntei porque estavam em posições diferentes, mas ela sacudiu os ombros, dizendo que não havia razões específicas para essa decisão. Eu coloquei as duas folhas uma em cima da outra, cuidando que os cantos estivessem bem juntos e as levantei de modo que Bárbara pudesse vê-las contra a luz da janela. Bárbara e sua mãe olharam para a perfeita superposição (Figura 19) da boneca e o narciso vertical e suas faces mostravam que estavam surpresas e intrigadas, mas nada disseram.

Figura 19. *Bárbara – Desenhos justapostos.*

Perguntei a Bárbara o que pensaria se visse um narciso na posição horizontal como o que havia desenhado. Foi a Sra. B que respondeu que ele poderia ter murchado e caído. Tive a impressão de que os desenhos haviam tocado algum ponto sensível na Sra. B e que ela agora falava como se ela mesma os tivesse feito. Bárbara repetiu as palavras da mãe e acrescentou que alguém poderia ter arrancado a flor ou mesmo a cortado. Ela parou, olhando com um ar meditativo para sua mãe e para mim. Eu a olhei de volta e tenho certeza de que meu rosto mostrava a pergunta implícita, de qual seria o significado dessas possibilidades que elas haviam mencionado. Bárbara disse "de qualquer maneira a flor estaria morta." Eu disse que ela não havia desenhado a boneca em posição horizontal, mas que talvez os narcisos representavam, como flores, o que ela temia que pudesse acontecer com a boneca. Ela acenou a cabeça, mostrando que entendia o que eu estava dizendo.

Eu havia notado que a Sra. B mencionara uma circunstância em que o narciso tivesse uma morte natural, enquanto Bárbara sugerira um fim violento, mas decidi não mencionar essa diferença. Eu disse que Bárbara tinha muito medo do que pudesse acontecer com seus pais e por isso tinha necessidade de os ter sempre à vista. Bárbara olhou fixamente para sua mãe que ficara muito surpresa com meu comentário e pediu que Bárbara dissesse o que achava de minhas palavras. Bárbara acenou a cabeça e confirmou que tinha tal medo. A Sra. B tentou reassegurá-la, dizendo que tais angústias não tinham razão de ser, mas Bárbara lhe lembrou de um programa de televisão que haviam visto e que mostrava um homem vindo do mesmo país que eles sendo fuzilado em outro país. Elas não conseguiam se lembrar de quando exatamente haviam visto esse programa, mas eu não me surpreenderia se isso tivesse marcado o início da necessidade de Bárbara ter contato próximo com seus pais.

Mãe e filha estavam em silêncio, se olhando com evidente amor e carinho. A tensão era quase palpável e finalmente a Sra. B conseguiu pôr em palavras o quanto ela também sentia os mesmos pavores que Bárbara. Não havia dúvidas de que Bárbara sabia disso, mas isso não havia sido mencionado até aquele momento. A Sra. B me contou que ela vinha tentando convencer seu marido a mudar de trabalho, pois seu eminente cliente era muito conhecido em todo o mundo e este compromisso expunha o Sr. B a riscos que apavoravam sua família. Apesar disso, ela sabia que seu marido dava muita importância a este trabalho e que dificilmente o abandonaria.

Eu expliquei à Bárbara e sua mãe que certamente o nascimento do bebê produziria em Bárbara medo de ser passada a um segundo plano, mas seus pais podiam gradativamente lhe demonstrar que seus medos não tinham justificativa. Por outro lado, considerando os medos de Bárbara sobre a segurança de seus pais (e talvez de si mesma) pouco ou nada havia que seus pais podiam fazer para reassegurá-la, de vez que ambos sabiam que suas angústias tinham fundamento.

Comentário

Eu vi Bárbara e sua mãe por mais algumas sessões. Recomendei que Bárbara tivesse sessões de psicoterapia individual, mas quando surgiu uma vaga, Bárbara disse que já se sentia muito melhor e não queria fazer essa terapia. A Sra. B confirmou que Bárbara se sentia bem menos ansiosa e que estava dando conta de sua vida cotidiana.

Este talvez seja um dos mais impressionantes casos de imagens divididas que encontrei. Tal como em outros casos, o clínico poderia identificar as razões que provocavam os sintomas da criança quando obtivesse as informações relevantes no decorrer da consulta, mas eu tenho dúvidas de que Bárbara jamais conseguisse pôr em palavras seu medo de que algum desastre pudesse atingir seu pai: não só ela tinha medo de pôr em palavras seus temores, mas ela também percebia que comunicá-los a seus pais produziria novas preocupações nos dois. Minha impressão era de que a Sra. B não sabia da reação de Bárbara ao programa de televisão e, além disso, tudo indicava que ela também procurava não deixar Bárbara saber de sua reação aos fatos mostrados no programa. Essas ansiedades reprimidas foram exprimidas nos dois desenhos de Bárbara que, quando superpostos, mostravam claramente a natureza dos medos que provocavam o comportamento de Bárbara.

Júlia

Esta menina produziu uma apresentação diferente do que chamo de desenhos divididos, mas acredito que ainda constitua um exemplo válido do fenômeno que estou descrevendo.

Vi Júlia quando tinha 13 anos de idade. A Sra. J havia se mudado com seus filhos para a área em que ficava a clínica de orientação infantil pouco tempo antes de ter vindo me ver com Júlia. Esta havia se matriculado no ginásio local, mas estava tendo grandes dificuldades de se acomodar com sua vizinhança. Ela se queixava de inúmeros sintomas físicos, mas várias consultas com o clínico do bairro não haviam identificado anormalidades orgânicas. Foi com muita relutância que a Sra. J concordou em me ver.

A família havia passado por anos muito traumáticos. Aparentemente, o Sr. J não só abusava do uso de álcool, como também era muito violento com sua mulher e filhos. Depois de muitos anos de casamento, a Sra. J decidira pôr fim ao casamento e saiu de casa com seus filhos, conseguindo obter nova residência numa comunidade bem longe de onde haviam vivido. A Sra. J fazia muita força para reorganizar sua vida, mas recentemente seus filhos haviam lhe comunicado ter, subitamente, encontrado seu pai na rua e ele lhes dissera que carregava um revólver e um facão, avisando a eles que dissessem isso à sua mãe.

Júlia parecia mais jovem do que seus 13 anos. Ela respondia às minhas perguntas, mas sempre em sussurros e monossílabos. Depois de alguns minutos, notei que ela estava olhando para o lado da mesa em que estavam folhas de papel e material de desenho e resolvi sugerir que ela talvez quisesse fazer um desenho. Ela desenhou um gato bem grande, num campo com plantas, grama e umas nuvens em torno do sol (Figura 20).

Figura 20. *Júlia – Primeiro desenho.*

Eu pedi que me dissesse alguma coisa sobre o gato e ela me respondeu que ele estava feliz porque estava fazendo um dia tão ensolarado e bonito. Perguntei o que eram as linhas tortuosas de cada lado do gato e ela desandou em risadas, mas não soube explicar o que as linhas representavam ou porque estava rindo. Nada que eu pudesse dizer... mas notei que ela ainda estava segurando o lápis e perguntei se queria fazer outro desenho.

Júlia afastou a folha com o desenho e arrumou outra folha para poder desenhar. Desta vez, ela fez (Figura 21) uma casa, uma enorme árvore e um jardim.

Figura 21. *Júlia – Segundo desenho.*

Ela ficou olhando o desenho e acrescentou um pássaro num galho da árvore. Quando lhe perguntei sobre a casa, Júlia me disse que uma senhora morava lá com seus dois filhos. Ela disse que eram muito felizes porque gostavam da casa e do jardim. Depois de uns minutos, ela comentou que o gato também vivia naquela casa. Perguntei se podia acrescentar alguma coisa sobre os desenhos, mas ela sacudiu a cabeça.

Resolvi ver o que aconteceria se eu sobrepusesse os dois desenhos (Figura 22). O gato fora desenhado numa folha em posição vertical e o segundo desenho estava numa folha em posição horizontal e, por isso, quando pus uma folha sobre a outra, acertei a base das duas folhas e coloquei a folha vertical bem no meio da outra horizontal.

Figura 22. *Júlia – Desenhos superpostos.*

Para nossa surpresa, olhando os desenhos contra a luz, vimos que o pássaro estava exatamente dentro da barriga do gato. Júlia deu enorme gargalhada ao ver isso. Eu lhe perguntei se havia imaginado alguma história enquanto fazia os desenhos, ou se pensava algo específico sobre o gato e o pássaro. Ela negou haver composto qualquer história e disse que a única coisa que podia dizer era que o gato vivia na casa. Então perguntei "e o pássaro?" e Júlia riu e disse "É bom ele fugir enquanto pode!"

Depois de uns minutos, sugeri que os desenhos pareciam mostrar o quanto ela se sentia feliz morando na nova casa com sua mãe e o irmão, mas que ela tinha medo que seu pai (o gato) pudesse vir e estragar tudo. Júlia concordou que isso era verdade e sua mãe que estivera observando os desenhos e nossa conversa com toda atenção, disse que isso era precisamente o que ela sentia da situação deles. Júlia e sua mãe disseram o quanto tinham medo de serem vistas por alguém que pudesse revelar ao pai onde estavam morando. Não era surpresa ver o quanto a Sra. J e seus filhos se sentiam tensos e inseguros.

Comentário

Eu realmente acredito que a imagem resultante da superposição das duas folhas não é uma coincidência. É bem provável que Júlia se considerava representada pelo pássaro e que o gato era uma imagem do seu pai, enorme e poderoso. Pode-se até imaginar que Júlia tivesse desejos em seu inconsciente de que seu pai voltasse e de novo fizesse parte de sua vida, mas tal hipótese não poderia ser mencionada no contexto dessa entrevista. Decidi me limitar à realidade do dia a dia da família e confirmar o quanto era assustador viver sob a ameaça do aparecimento do Sr. J. A meu ver, ambas as hipóteses eram plausíveis e parte das fantasias conscientes ou inconscientes de Júlia e consistiam a fonte que criara as imagens divididas – estes desenhos exprimiam clara e dramaticamente estes sentimentos.

Glória

Glória havia ido com suas amigas a um parque de diversões e, a certa altura, decidiu entrar num atalho quando queria ir a outra parte do parque. Quando estavam passando por trás de uma barraca, se viram de repente frente a um cachorro que pulou em cima delas e, por azar, mordeu o lábio de Glória.

Glória ficou muito abalada por essa experiência, mas o que eventualmente a trouxe à clínica para ver o psiquiatra infantil, foi o fato de que durante os dois meses seguintes ela acordava várias vezes durante a noite aos berros e chorando inconsolavelmente, falando de terríveis pesadelos de que ela não conseguia se lembrar e, algumas vezes, também sofrendo de sonambulismo.

Glória veio me ver junto com sua mãe. Ela era uma menina atraente e inteligente de 12 anos de idade. Ela me contou de sua família e da vida escolar. A Sra. G respondeu às minhas perguntas com boa vontade e por vezes esclarecendo algum dado da vida familiar de que Glória não tivesse certeza. A Sra. G parecia bem mais jovem do que uma pessoa de seus trinta e tantos anos de idade e ela tinha uma relação amistosa e bem chegada com sua filha, que era uma de seus três filhos. O Sr. G havia abandonado a família alguns anos antes e agora vivia em outro país, mas eles haviam mantido uma relação amistosa que permitia às crianças se sentirem chegadas aos dois pais. A Sra. G ocupava um alto cargo administrativo numa grande companhia comercial e tinha uma posição muito ativa na educação dos filhos.

Glória se sentia um membro querido e bem sucedido do seu grupo de amigos e colegas. Seus comentários sobre os pais e outros membros da família pareciam indicar um forte elo de ligação. Gradualmente, cheguei à conclusão de que, mesmo que houvessem conflitos inconscientes devidos à sua vida escolar ou familiar, os pesadelos deveriam estar ligados ao ataque que sofrera no parque de diversões.

Pedi a Glória que me contasse a história do ataque em detalhes. Ela respondia às minhas perguntas, mas volta e meia sorria e me perguntava porque eu queria saber em tantos detalhes sobre cada passo que dera naquela noite. Expliquei que o fato dos pesadelos persistirem por tanto tempo sugeria que algum elemento daquela noite devia ter adquirido um significado que ela não havia conseguido identificar. Ela podia ver a lógica de minhas palavras, mas várias vezes tentou ignorar alguma pergunta minha, porque não se lembrava do que havia acontecido ou porque ela achava que não podia ser importante. Felizmente, a Sra. G concordava com meu argumento e repetidamente encorajou sua filha a se esforçar e tentar responder às minhas perguntas – e Glória lhe obedecia.

Glória e sua amiga haviam encontrado outros colegas e amigos da sua vizinhança no parque. Eles haviam dado voltas em vários brinquedos e comido doces e salgadinhos à venda. A certa altura, Glória e sua amiga decidiram que queriam um sorvete especial e descobriram que teriam que dar uma boa caminhada até chegar à barraca onde era vendido. Contaram aos amigos de sua intenção e se afastaram do grupo. Ao avaliar sua posição, elas perceberam que poderiam reduzir a distância se, em vez de seguir o caminho principal, passassem por trás de algumas barracas. Glória se lembrava de haver pensado que o atalho poderia conter algum perigo, mas a palavra "perigo" não as levara a considerar o que isso poderia significar.

Glória me contou que ao passarem atrás de uma das barracas, subitamente viram um cachorro enorme, deitado no chão. Por um momento, elas pararam, tentando decidir o que fazer e tentando se convencer de que o cachorro poderia continuar quieto. Mas, para sua surpresa, o cachorro deu uma corrida e pulou em cima delas. Glória se lembrava do cachorro a atingindo e a jogando no chão, mas neste ponto sua memória parava e se lembrava apenas de estar em casa, com sua mãe e irmãs, chorando.

Depois de mais algumas perguntas, ficou claro que Glória havia me contado tudo de que conseguia se lembrar. Ela não conseguia se lembrar de nenhum de seus pesadelos, exceto alguns em que novamente revia o ataque sofrido, mas mesmo estes paravam exatamente no mesmo ponto em que seu relato anterior chegava ao fim. Sua mãe comentou que havia tentado muitas vezes ajudar Glória a se lembrar de seus movimentos naquela noite. De fato, a amiga de Glória havia lhes contado que quando as duas começaram a chorar e gritar, muitas pessoas vieram correndo ver o que havia acontecido. Elas haviam ajudado Glória a se levantar e quando viram que ela estava sangrando, a levaram à barraca de Emergência do parque e, de lá, para o hospital da comunidade. Mas para Glória, isso tudo eram histórias que haviam lhe contado, mas das quais não tinha recordação alguma.

Havíamos chegado a um impasse. Considerando a idade das meninas e a noção de "perigo" que elas haviam imaginado, seria plausível imaginar que houvesse algum elemento sexual em suas ansiedades. Mas eu não mencionaria tal ideia, a menos que Glória produzisse algum dado que lhe permitisse reconhecer que se tratava de algo que ela mesma havia concebido. Achei que simplesmente lhe confrontar com uma interpretação sexual "vinda do nada" poderia levar a uma vivência de repetição do ataque do cachorro. Por isso, resolvi adotar um caminho diferente.

Expliquei à Glória que às vezes é possível recuperar uma lembrança fazendo uso de desenhos. Ela ficou surpresa, desconfiada e algo embaraçada, mas concordou em tentar me fazer a vontade. Normalmente, nessas situações faço questão de não dar sugestões à criança, deixando que escolham o tema de seu desenho. Mas aqui se tratava de uma situação especial. Eu havia feito inúmeras perguntas focalizadas num detalhe específico de sua vida e, assim sendo, resolvi modificar minha técnica e pedi a Glória que desenhasse o momento de encontrar o cachorro.

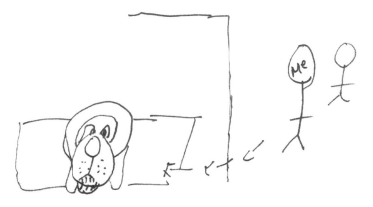

Figura 23. *Glória – Primeiro desenho.*

O primeiro desenho de Glória (Figura 23) mostra ela e sua amiga caminhando para a parte da barraca onde estava o cachorro. Olhando a expressão na cara do cachorro, achei que não parecia muito feroz (alguns amantes de cães que viram este desenho comentaram que parecia uma imagem muito sensível de um cachorro grande e adorável), mas nada disse: apenas pedi a Glória que fizesse outro desenho mostrando o que acontecera em seguida.

Figura 24. *Glória – Segundo desenho.*

Seu segundo desenho (Figura 24) mostrava o cachorro mordendo seu lábio e gotas de sangue caindo no chão. Sua amiga está um pouco para trás com uma expressão de pavor no rosto. Depois de olhar este desenho por alguns minutos, pedi a Glória que desenhasse o que ela imaginava que acontecera em seguida. Ela hesitou brevemente e fez outro desenho (Figura 25) mostrando a si mesma deitada no chão com o cachorro em cima dela, mas decidiu que este estava "errado" e o cruzou. Em seguida repetiu a mesma cena, alguns centímetros acima da "imagem errada" e eu notei que neste desenho o cachorro estava completamente ao lado do seu corpo, enquanto que no anterior ele estava entre suas pernas. Quando perguntei o que estava acontecendo, ela escreveu "Blanck" para indicar o vazio (o branco) em sua memória, mas por alguma razão ela seguiu adiante e se desenhou chorando e sangrando, já em casa, com sua mãe e irmãs olhando, apavoradas, para ela.

Figura 25. *Glória – Terceiro desenho.*

A essas alturas, eu já estava convencido de que Glória havia formado uma fantasia sexual com base no ataque que sofrera, mas eu precisava encontrar alguma maneira de transmitir esta interpretação a ela, de modo que fizesse sentido. Pedi a ela que voltasse atrás no seu relato, até o ponto em que ela falara de "perigo". Glória insistiu que ela não tinha ideia alguma de que tipo de perigo ela e os amigos tinham em mente. Era impossível saber se isso era a verdade ou se ela tinha vergonha de mim ou de sua mãe. Outra complicação era a possibilidade que Glória estivesse tentando adivinhar que resposta eu queria que me desse e, no final das contas, era impossível formular uma pergunta que não apontasse em alguma direção. A Sra. G acompanhava nosso diálogo sem dizer qualquer palavra. Expliquei minha dificuldade de querer ajudar Glória a reconhecer o que poderia ter pensado, sem influenciá-la. Finalmente, fazendo um tom de voz que poderia soar como a voz de sua mãe, eu disse "Por favor, não se afaste de seus amigos! Tome cuidado de não se meter em lugares escuros e, definitivamente, não saia dos caminhos principais! Você tem que tomar cuidado para não encontrar…" e parei.

A Sra. G sorriu. Ela agora reconhecera o que eu tinha em mente e eu acho que ela deu alguma pista para Glória, pois esta agora sussurrou "...algum homem..." A Sra. G sorriu e confirmou que este era um aviso que ela dava todas as vezes em que Glória saía para passear com seus amigos em algum parque, principalmente se havia alguma festividade pública. Perguntei à Glória qual o perigo representado pelos homens, mas ela se manteve em silêncio. Sua mãe me explicou que seus avisos à Glória sempre incluíam explicar em detalhes a questão de ataques sexuais e, por isso, conselhos de como se defender.

Voltei aos desenhos e mostrei à Glória o seu desenho "errado". Expliquei a ela minha ideia de colocar um desenho em cima de outro, como se constituíssem um desenho único. Eu não estava tentando acertar as figuras, mas sim colocar os lados das folhas em posição certa. Levantei as folhas combinando o segundo e terceiro desenhos (Figura 26) e lhe perguntei o que lhe parecia interessante ou significativo.

Figura 26. *Glória – Segundo e terceiro desenhos sobrepostos.*

Glória desandou a rir, obviamente embaraçada, e disse que agora o cachorro estava completamente em cima dela. Eu expliquei a ela que ela <u>sabia</u> que fora atacada por um cachorro que lhe mordera o lábio, mas os desenhos mostravam que "no fundo de sua mente" (ou palavras semelhantes) ela havia se lembrado dos avisos de como poderia ser atacada sexualmente por algum homem – e ela agora sofria como se realmente tivesse sido atacada por um homem.

A Sra. G manifestou sua surpresa, mas comentou que minhas palavras "faziam sentido". Ela estava fascinada pelo meu uso dos desenhos e me fez perguntas a respeito disso. Glória estava claramente mais relaxada, mas bem pensativa. Combinamos nova entrevista para duas semanas mais tarde, quando poderíamos discutir como Glória estava se sentindo.

No dia marcado para nosso encontro, a Sra. G telefonou para a clínica e disse que Glória estava de cama, com gripe, mas ela havia dito à sua mãe que não queria me ver de novo. A Sra. G acrescentou que ela concordava com sua filha, uma vez que os pesadelos haviam cessado. Desde o dia de nossa entrevista, Glória havia dormido normalmente todas as noites e, assim sendo, não havia necessidade de nova consulta. Não pude deixar de pensar na expressão idiomática inglesa "to let sleeping dogs lie" de que "não (se deve) despertar os cachorros que estão dormindo..."

Comentário

Nos dias de hoje, Glória teria sido diagnosticada como sofrendo de uma "reação pós-traumática" e esta história mostra uma maneira de abordar tais casos. Informações recebidas do médico da família meses depois confirmaram que Glória não apresentara novos problemas.

O caso de Glória mostra como altos níveis de angústia produzidos por uma experiência traumática podem resultar de fantasias inconscientes que "não têm permissão" de se tornarem conscientes, muito menos expressas em palavras, mas que revelam sua presença através de sonhos e vários sintomas. É possível imaginar que se Glória conseguisse se lembrar e contar o conteúdo de seus pesadelos, a análise de seus sonhos revelaria o conteúdo de suas fantasias inconscientes. Os desenhos de Glória constituem uma clara prova de como os mecanismos de defesa que a impediam de pôr em palavras essas fantasias inconscientes, puderam ser ultrapassados pelo recurso à linguagem dos desenhos divididos.

Paula

Paula frequentava uma escola para Crianças com Necessidades Especiais, mas seus professores acharam que os problemas físicos que ela sofrera na infância não mais justificavam que ela não frequentasse uma escola normal e assim a transferiram para a escola secundária da área em que ela morava. Paula achou essa mudança muito difícil e começou a mostrar sinais de tensão emocional, que se intensificaram e, finalmente, ela se recusou a ir à escola. A Sra. P discutiu a situação com os professores e estes, eventualmente, concordaram que Paula voltasse à sua escola antiga, mas as autoridades educacionais exigiram uma avaliação psiquiátrica de Paula antes de mudarem sua opinião.

A história médica de Paula era longa e complexa. Ela só começara a andar com 18 meses e só articulou suas primeiras palavras quando estava com 4 anos. Ela sofria frequentes ataques de bronquite e quando tinha 9 meses de idade um médico prescrevera um composto de codeína – mas aconteceu que Paula teve uma reação alérgica e entrou em coma, tendo que ser internada num hospital. Ela se recuperou e teve alta depois de uma semana. Outra área problemática era o peso de Paula: sua mãe disse que Paula comia compulsivamente e depois que seu pai falecera dois anos antes, Paula havia "começado a aumentar quilo e meio por dia, mesmo sem comer tanto."

86   IMAGENS DIVIDIDAS

Paula não tivera dificuldades em frequentar o curso primário, mas apresentava sérios problemas de aprendizado, exigindo aulas especializadas e ficando no curso primário por um ano extra. Foi quando seu pai faleceu e "Paula entrou em estado de choque por bastante tempo." Supostamente, ela devia agora começar seu curso ginasial, mas depois de longas discussões ela obteve uma vaga na escola para crianças com necessidades especiais (School for Delicate Children) e sua mãe achava que Paula "desabrochara", tomando parte em inúmeras atividades e melhorando o nível de seu trabalho.

Paula estava com 13 anos quando veio me ver na clínica. A Sra. P a descreveu como sensível, frágil, fraca, doentia, dependente e tristonha, sem confiança alguma em suas capacidades. Paradoxalmente, a escola descrevia Paula como uma menina alta, saudável e simpática, que preferia a companhia de rapazes e gostava de jogar futebol e "cricket".

Quando perguntamos pelo pai de Paula, nos contaram que sofrera de úlcera gástrica por muitos anos. A certo ponto, os médicos decidiram que ele se beneficiaria de cirurgia e o admitiram ao hospital da comunidade. Infelizmente, uma semana depois de voltar para casa da operação, ele teve uma hemorragia maciça: foi Paula que o encontrou, sentado no vaso sanitário, coberto de sangue. Ela saiu gritando por sua mãe e quando a Sra. P entrou no banheiro, elas pensaram que ele estava morto. Mas de repente notaram algum movimento e correram para chamar uma ambulância, que levou o Sr. P para o hospital. A Sra. P entrou com ele na ambulância e nos contou que perguntou se Paula queria ir junto com eles, mas Paula recusou, dizendo que preferia ia à escola. O Sr. P foi levado direto à sala de operações, mas faleceu poucos dias depois.

Paula estava vestida de tal maneira que quando a assistente social e eu fomos chamá-las na sala de espera, ambos pensamos que era um rapaz. Fomos todos para a sala da assistente social, onde fizemos as apresentações e tentamos pôr Paula e sua mãe à vontade. A Sra. P logo fez questão de nos avisar que ela só concordara com essa consulta como sendo o preço que elas tinham de pagar para obter sua vaga na escola antiga. Ela não acreditava "em discutir o futuro, de vez que não se pode evitar ou modificar o que vem a acontecer" e quanto ao passado "é melhor esquecer ou ignorar os problemas porque nada se ganha de ficar pensando neles." De sua parte, Paula era monossilábica e pouco cooperativa: quando perguntamos porque não ia à escola atual, ela só conseguia dizer que "ela é grande demais." Depois de algum tempo, pensei que talvez Paula conseguisse cooperar um pouco mais se eu a visse sozinha e a levei para outra sala, deixando a Sra. P com a assistente social.

Na minha sala, Paula parecia mais à vontade, mas igualmente tinha dificuldades de pôr em palavras seus pensamentos. Eu estava convencido de que sua experiência de encontrar o pai sangrando tinha que ser muito importante para ela e, assim, lhe pedi que me contasse algo a respeito. Ela me contou como encontrou seu pai sentado no vaso quando sua mãe lhe havia pedido para chamá-lo. Paula confirmou o relato da mãe, de que havia sido convidada para acompanhá-los na ambulância para o hospital, mas que ela havia dito que preferia ir à escola: mas ela não conseguiu me explicar a razão desta escolha. Sacudiu os ombros e seu rosto mostrou uma expressão de dor, mas ela não encontrava palavras para me responder. Eu lhe perguntei o que havia acontecido depois desse episódio e Paula me contou que jamais havia chorado quando soube que o pai havia falecido. Em seguida, discutimos sua vivência "de que era um rapaz" – isso vinha acontecendo nos últimos dois anos, mas, igualmente, ela não sabia como o explicar. Perguntei se ela achava que pudesse haver alguma ligação entre essa vivência e a morte de seu pai, mas ela negou tal possibilidade.

Notei que Paula estava olhando para umas folhas de papel sobre a minha mesa e sugeri que ela fizesse um desenho. Depois de alguma hesitação, ela desenhou uma casa (Figura 27).

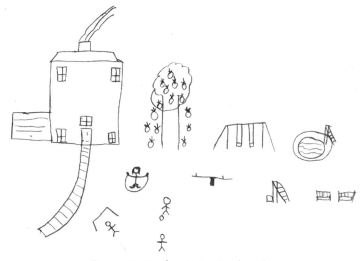

Figura 27. *Paula – Primeiro desenho.*

Não fiz comentário algum e, depois de uma breve pausa, ela desenhou uma árvore com maçãs caindo dela. Achei que era uma imagem curiosa e lhe perguntei porque desenhara as maçãs daquele jeito, mas Paula não sabia como explicar, apenas sacudindo os ombros e sussurrando "não sei..." Depois de uma breve pausa, Paula desenhou o escorrega, o balanço, a gangorra e alguns bancos. Tal como com a casa, fiquei intrigado pela secura, frieza das imagens, mas de novo Paula não sabia como explicar este aspecto. Considerando o fato de que desenhara apenas "coisas", perguntei se ela também costumava desenhar pessoas. Ela respondeu que sim, mas só como pessoas "palito" e desenhou uma menina pulando corda e alguns meninos jogando futebol. "Eu costumava ser como essa menina, mas agora prefiro brincar com os garotos", disse Paula.

Figura 28. *Paula – Segundo desenho.*

Fiquei, evidentemente, interessado nessa referência espontânea à questão de identidade sexual, mas tendo em conta sua dificuldade em encontrar palavras, sugeri a Paula que desenhasse essas várias imagens de si mesma. Ela virou a página para usar outra folha de papel e fez um desenho (Figura 28) de "como eu era". Mas ela achou que este "ficou errado" e fez uns traços para anular a imagem e começou outro desenho (na parte de cima, no meio da página: cabelos compridos e saia) e, em seguida, desenhou "como (eu) fiquei" (lado direito: cabelos compridos e calças); finalmente (embaixo, no lado esquerdo: cabelos curtos e calças) "como eu sou agora". Tendo terminado os desenhos, Paula olhou para mim, esperando meus comentários. Eu achava que os desenhos representavam muito claramente os elementos que a caracterizariam como feminina ou, ao contrário, masculinizada, mas pensando em verbalizar essa impressão, hesitei, não tendo certeza de como prosseguir. Mas Paula havia deixado as duas folhas de papel ainda coladas e, seguindo minha experiência com outras crianças que haviam feito dois desenhos em sequência, como se correspondessem a uma única imagem mental, aqui dividida em duas páginas diferentes, eu levantei as duas páginas e as segurei contra a luz da janela (Figura 29). Quando Paula viu as maçãs caindo e o rosto da menina se casando com elas tão perfeitamente, ela disse "ela está chorando".

Figura 29. *Paula – Desenhos superpostos.*

Eu tinha certeza que as lágrimas eram uma referência ao seu comentário de nunca haver chorado quando encontrou seu pai sangrando, ou mais tarde quando ele faleceu. Mas eu não podia simplesmente confrontar Paula com essa interpretação, como vinda apenas de minhas ideias pessoais. Os desenhos que ela havia feito até aquele ponto não pareciam conter qualquer referência à causa das lágrimas e eu pensei que seria mais útil se pudéssemos obter mais pistas que ajudassem Paula a reconhecer de onde vinham as lágrimas do rosto da menina. Entretanto, como era tão difícil de engajar Paula num diálogo, resolvi sugerir que jogássemos um jogo de rabiscos ("*squiggles game*"). Ela aceitou minha sugestão e logo estava enfronhada no jogo.

A série completa dos rabiscos não é reproduzida aqui (eles podem ser vistos no livro Untying the Knot, Brafman, 2001, pp. 147-151), mas depois de alguns desenhos Paula fez este rabisco (Figura 30):

Figura 30. *Rabisco de Paula.*

Eu achei que isto era uma reprodução perfeita do que ela havia visto quando descobriu seu pai sentado no vaso sanitário e resolvi o que me parecia ser não mais do que completar seu desenho.

Paula não demonstrou qualquer surpresa ao ver meu desenho ou quando eu disse que seu rabisco mostrava as linhas essenciais do quadro da posição de seu pai quando o encontrara há dois anos atrás. Sugeri que a sua morte e a maneira de como isso acontecera haviam afetado Paula muito profundamente. Acrescentei que ela precisava de ajuda para elaborar seus sentimentos a respeito, e que eu deveria vê-la algumas vezes mais. Mas era impossível adivinhar como minhas palavras estavam afetando Paula. Seu rosto mostrava uma aparência de aceitação, mas ela não pronunciava palavra alguma. Ofereci a Paula a oportunidade de me fazer alguma pergunta, mas ela apenas sacudiu a cabeça, com uma expressão de que nada queria dizer. Depois de uma pausa, sugeri que nos juntássemos à sua mãe e à assistente social.

Figura 31. *Meu desenho no rabisco de Paula.*

Eu disse à Sra. P que eu recomendaria a volta de Paula para sua antiga escola, mas acrescentei que, a meu ver, Paula deveria ter algumas sessões individuais com a psicoterapeuta da clínica, pois a mudança de escola não era o bastante para ajudá-la com seus problemas emocionais. A Sra. P discordou inteiramente de minha opinião e repetiu suas palavras expressando sua convicção de que voltar à escola anterior era tudo que Paula precisava para voltar a ser a menina feliz e bem sucedida que era. Foi com muita relutância que a Sra. P concordou em nos ver uma segunda vez.

No dia anterior à nova entrevista a Sra. P telefonou a clínica e disse à assistente social que Paula havia ficado muito perturbada desde o dia de nosso encontro e que havia chorado o dia inteiro por vários dias. Paula dissera a sua mãe que suas lágrimas se deviam à nossa conversa sobre seu pai e seu falecimento. A Sra. P não conseguia ver vantagem alguma nisso e, assim sendo, não queria expor Paula a uma experiência tão perturbadora. Depois de longa discussão, a Sra. P concordou em trazer Paula à clínica. Quando vi Paula sozinha, ela não conseguiu falar muito, mas foi bem clara em me dizer que foram minhas palavras sobre seu pai que a haviam perturbado. Todas as minhas tentativas de estabelecer um diálogo foram infrutíferas, Paula nada acrescentou ao que havia dito em nosso primeiro encontro.

Embora não tivéssemos tido novo contato com Paula e sua mãe, fomos informados pela sua escola de que Paula havia se acomodado à vida escolar sem dificuldades, tornando-se mais tranquila e relaxada. Foi interessante saber que tão logo voltara à antiga escola, Paula havia procurado a enfermeira da escola e passava longos intervalos com ela, discutindo as circunstâncias da morte de seu pai e os sentimentos que tinha a este respeito, coisa que jamais havia feito no passado. Durante vários meses Paula continuou a se vestir e se comportar como se fosse um rapaz e preferindo a companhia dos rapazes nos recreios, mas gradativamente isso se alterou e ao fim de dois anos Paula estava se comportando e se vestindo tal como suas colegas.

Comentário

Os desenhos divididos e o último rabisco de Paula são talvez os exemplos mais dramáticos que encontrei do que considero a linguagem dos desenhos. Descobrir seu pai coberto de sangue foi uma experiência profundamente traumática, mas Paula não havia conseguido chorar ou pôr seu sofrimento em palavras e só os vários problemas que eventualmente resultaram em sua vinda à clínica foram os sinais dos conflitos subjacentes. Só quando Paula desenhou pôde seu insconsciente encontrar uma maneira de exprimir a natureza de suas dores reprimidas. As maçãs caindo da árvore que se transformaram nas lágrimas de Paula, devem ter aberto o caminho para ela pôr no papel as linhas principais da imagem que tanto a chocara: seu pai sentado no vaso sanitário. Paula podia agora ter consciência de sua dor e iniciar seu luto – e, aos poucos, se libertar dos vários sintomas que vinha apresentando.

Sonia

Esta menina de 12 anos foi mandada à clínica devido à sua compulsão de se cortar, mas logo ficamos sabendo que sua família tinha grandes dificuldades de tolerar seu comportamento rebelde e, às vezes, bizarro. A mãe de Sonia e uma irmã mais velha também vieram à consulta diagnóstica, mas uma irmã menor se recusou a vir. Sonia se limitava a exibir um sorriso – a mãe e a irmã descreveram isso como uma atitude típica de Sonia, mostrando sua gozação e desafio. Eu pensei se também seria um sinal de embaraço, mas acabei acreditando que o sorriso resultava de uma postura de distanciamento das pessoas e dos assuntos sendo discutidos.

A história da família era extremamente complexa. O Sr. S havia falecido seis anos antes, mas o que me contavam da vida passada e presente sugeria que ele ainda constituía uma presença na família.

A mãe e as filhas embarcaram numa discussão de que traços de personalidade e comportamento haviam sido herdados do pai ou da mãe. Elas contaram episódios de anos passados para acentuar a importância do Sr. S na dinâmica da vida familiar. Um desses se referia a Sonia acidentalmente se cortando e sendo cuidada por seu pai – aparentemente, os dois continuaram conversando e quando Sonia lhe perguntou se ele não tinha medo de sangue, o pai respondera que, de fato, ele gostava de ver sangue.

Figura 32. *Sonia – Primeiro desenho.*

Como Sonia continuava resistente a conversar comigo, sugeri que ela fizesse um desenho. Ela fez (Figura 32) um homem montado num cavalo e disse que não sabia a quem isso poderia representar. Mas sua irmã comentou que o pai adorava cavalos. Eu manifestei minha surpresa ao ver a figura estranha do cavaleiro, mas Sonia explicou que não sabia como desenhar pessoas, tendendo a fazê-lo com figuras esquemáticas – e fez várias destas na parte de baixo da folha de papel. Em seguida decidiu fazer um desenho de seu pai e o representou deitado de lado na parte superior da página. Depois de alguns minutos, sugeri que Sonia fizesse outro desenho e ela pegou outra folha de papel e desenhou (Figura 33) dois cavalos juntos um do outro e um gato longe dos dois. Em seguida, fez um cartaz onde escreveu "cavalos selvagens", supostamente definindo o território onde viviam os dois cavalos. Eu decidi juntar os dois desenhos (Figura 34) e Sonia, tal como sua irmã e sua mãe ficaram surpresas ao reconhecer a identificação do Sr. S como o símbolo da identidade dos cavalos. Estava bem claro que Sonia não se considerava um dos "cavalos selvagens", ou seja, membro da família S. O que quer que tal ideia significasse, ficou óbvio que todas elas consideravam que Sonia havia sido a filha favorita do pai e elas mencionaram um fato que me surpreendeu: o Sr. S havia muitas vezes surrado sua esposa e as outras duas filhas, mas jamais havia batido em Sonia.

Figura 33. *Sonia – Segundo desenho.*

Figura 34. *Sonia – Desenhos superpostos.*

A família veio me ver novamente e Sonia havia diminuído o número de vezes em que se cortou e, pouco tempo depois, parou de fazer isso.

Comentário

Vendo como os desenhos sobrepostos mostram Sonia como sendo o gato e não um dos cavalos, pensei se isso poderia significar que ela, realmente, não fosse ou não se considerasse uma das meninas da família S. Mas eu tinha que aceitar o fato de que mãe e irmãs tinham uma explicação diferente para Sonia ser diferente das irmãs: a filha que o Sr. S tratava com carinho especial.

Realmente não sei se Sonia havia manifestado em outras ocasiões sua crença de ser diferente de suas irmãs, mas não senti que pudesse investigar esse tema. Mas se Sonia estivesse em terapia individual, isso certamente seria assunto a ser discutido cuidadosamente.

Dois lados da mesma folha de papel

Anna

Os desenhos seguintes mostram o mesmo fenômeno de dois desenhos, cada um com um significado claro e definido, de repente assumindo um novo significado quando vistos juntos, como se um complementasse o outro. Sendo feitos nos dois lados da mesma folha de papel, surge a questão de que o artista poderia ter desejado, deliberadamente, obter esse efeito, i.e., como se a segunda imagem corrigisse ou completasse o significado da primeira. Tendo assistido os desenhos sendo feitos, tenho certeza de que esse não é o caso. Além disso, a maior parte dos papéis utilizados não eram tão transparentes. Mas, mais importante, cada desenho correspondia a ideias diferentes que a criança tinha sobre o tema da ilustração, enquanto que a imagem final, quando olhando as imagens separadas como se fossem uma só, tinha um significado muito importante para explicar os conflitos daquela criança.

Anna tinha 13 anos quando veio me ver para uma avaliação psiquiátrica de seus problemas. Nos últimos meses, ela havia apresentado uma série de sintomas físicos e uma mudança dramática de seu temperamento e a maneira de tratar os pais. Na escola, os professores haviam introduzido modificações nos seus horários, tentando ajudar Anna a lidar com seus sintomas físicos e frequentes crises de angústia.

Anna tinha dois irmãos mais velhos que haviam deixado o lar da família e seus pais tinham uma relação amorosa e harmoniosa. A Sra. A havia devotado sua vida a cuidar da família e o Sr. A era ativo desportista, que havia progredido e chegado a ser o treinador de esportistas profissionais e amadores. Entretanto, no último ano antes de nosso encontro, o Sr. A vinha sofrendo de uma forma grave de doença artrítica que o impedira de praticar as atividades que tanto adorava.

Quando vi Anna sozinha, ela mostrou-se uma adolescente inteligente e bem capaz de articular seus pensamentos, me contando dos conflitos que tinha com colegas e das dificuldades da vida em família. Quando a vi com um ou ambos os pais, Anna era outra pessoa: introvertida, tensa e obviamente cuidando do que poderia dizer em voz alta.

Na minha entrevista com Anna, ela foi muito cooperativa, mas eu não conseguia achar que havia compreendido o que lhe preocupava. Ela me contou de dificuldades em adormecer, falta de apetite, uma vivência de não conseguir tratar os pais com a mesma maneira amistosa e respeitosa com que sempre os tratara – mas todo o relato parecia ter um tom artificial, como que composto, não me permitindo perceber quais eram exatamente as ansiedades que ela enfrentava. Decidi sugerir que jogássemos o jogo dos rabiscos, esperando que isso me permitisse descobrir o que atormentava Anna.

Figura 35. *Anna – Primeiro desenho.*

Anna era certamente uma artista de talento. Somente dois de seus desenhos são reproduzidos aqui. Seu primeiro desenho (Figura 35) mostra como ela transformou meu rabisco em um cavalo que está fazendo de conta que está comendo grama, mas de fato está vigiando o que se passa a sua volta. Seu segundo desenho (Figura 36) representa o que ela chamou "depois do orgulho, vem a queda" e isso constituía a representação de como seu pai havia mudado de sua posição de desportista de primeira classe, para a de uma vítima triste, rancorosa, debilitada por uma artrite grave. Ele estava o tempo todo criticando, pondo defeitos no que Anna fazia ou dizia.

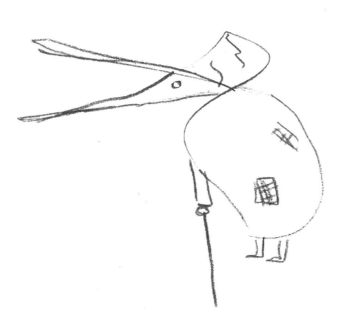

Figura 36. *Anna – Segundo desenho.*

Figura 37. *Aquário de Anna.*

Tivemos nova consulta duas semanas mais tarde e Anna desenhou seu aquário (Figura 37). Ela estava quieta, olhando seu desenho com um ar meio desolado, murmurando "Eles se movem tão lentamente... é muito consolador..." Depois de uma pausa, ela me contou de dois peixes dourados masculinos que ela tinha, alguns meses atrás – ambos haviam morrido. "Tem que haver alguma coisa errada com os peixinhos masculinos, talvez eles sejam mais frágeis..." Ela estava muito concentrada e era difícil estabelecer um diálogo e resolvi perguntar se ela talvez queria fazer outro desenho. "Posso... tudo bem..." Ela rasgou a página do bloco e a virou ao contrário para fazer seu desenho (Figura 38) escrevendo "Céu, Terra, Inferno" no outro lado. A Terra mostra "nosso cemitério", o Céu tem anjos e os pontos representam almas. O Inferno contém apenas o Diabo, uma vez que "as pessoas já teriam sido queimadas...". Anna acrescentou duas lâmpadas, dizendo "são a única luz lá..." Levantei a página e sugeri que víssemos os desenhos contra a luz (Figura 39).

Figura 38. *Anna – Céu, Terra, Inferno.*

Figura 39. *Anna – Imagens conjuntas.*

Anna sorriu "os peixinhos estão vigiando o diabo..." Eu perguntei se seria possível que, quando ela ficava admirando seu "aquário consolador", ela ficasse pensando sobre morte e o Diabo. Ela sorriu e disse "é... acho que sim..." Em seguida, Anna exprimiu em palavras o quanto ela estava preocupada com o estado de saúde de seu pai e sua crescente deterioração física e emocional.

Vimos Anna e seus pais algumas vezes mais e eles nos contaram de melhoras progressivas. O psicólogo que fora consultado pela escola para avaliar a situação de Anna também nos disse que Anna fizera muito bom progresso na escola e que agora voltara a ser "a Anna que sempre conhecemos", frequentando suas aulas normalmente.

Comentário

Por mais dolorosas que fossem as confrontações de Anna com seu pai, era claro que ela não conseguia verbalizar suas angústias sobre sua saúde. Supostamente, o seu "pai brigão" ainda podia ser considerado forte, mas o problema era que a "Anna brigona" se sentia ferida, fraca e apavorada que seu pai pudesse morrer. É difícil para qualquer criança, em qualquer família, verbalizar tais temores, mas nos seus desenhos Anna conseguiu exprimir o que a preocupava e a mantinha acordada por horas todas as noites.

Acredito que os desenhos de Anna também devam ser vistos como "divididos", ainda que seja mais difícil explicar a superposição das imagens. Quando as imagens são dispostas em duas folhas, podemos fazer a hipótese de que o cérebro retenha a noção dos limites da área em que estão essas imagens, enquanto que no caso de Anna, esta hipótese não seria aplicável, a menos que postulássemos uma "manobra cerebral" semelhante, que garantisse a justaposição dos elementos relevantes das imagens divididas originais.

Alan

Alan tinha 15 anos quando sua madrasta entrou em contato com a clínica pedindo que o ajudássemos. Ela achava que ele se sentia infeliz, era difícil conversar com ele, aparentemente obcecado com religião e totalmente desligado de sua escola e da vida social, exceto de música, a atividade a que dedicava a maior parte de seu dia. Ela também disse que Alan "discutia ou brigava" com seu pai "o tempo todo". Quando o psicólogo educacional da clínica entrou em contato com a escola de Alan, os professores lhe disseram que ele era um rapaz sensível, inteligente e estudioso, mas que frequentemente parecia "desligado".

Alan tivera uma infância traumática. Sua mãe abandonou a família quando Alan tinha 4 anos de idade e ele foi viver com seus avós paternos. Seu pai casou-se novamente quando Alan estava com 7 anos e seu avô, a quem ele era muito chegado, faleceu pouco tempo depois. Alan voltou a viver na nova casa de seu pai, onde conheceu sua madrasta e seus dois filhos, mais velhos que ele. Sua relação com a madrasta era bastante boa, mas tinham choques ocasionais que geralmente levavam à intervenção de seu pai e, em consequência, períodos em que Alan se sentia só e rejeitado. Quando veio nos ver, ele havia desenvolvido enorme interesse na igreja da comunidade – não só tomava parte em suas atividades musicais, como também havia se tornado muito chegado ao vigário e sua jovem e atraente esposa. Ambos os pais se ressentiam deste envolvimento de Alan e faziam constante pressão para ele se afastar da igreja e do casal.

Alan parecia satisfeito em me ver e respondeu às minhas perguntas sem dificuldade. Ele me contou histórias de sua vida e falou de seus interesses e atividades e notei que só media suas palavras com cuidado quando falava de seu pai e da madrasta. Tinha lembranças da vida com sua mãe, mas ele acreditava que ela tivesse falecido: um assunto que ele jamais havia discutido com seu pai.

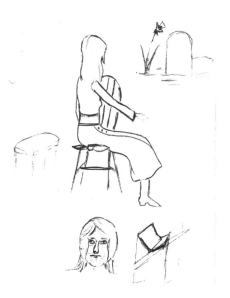

Figura 40. *Alan – Primeiro desenho.*

Como Alan mencionara que gostava de desenhar, perguntei se ele queria fazer um desenho. Ele pegou um pequeno pedaço de papel e cuidadosamente desenhou (Figura 40) uma mulher vista de lado, sentada numa cadeira – ele disse que esta era a mulher do vigário, mas não sabia explicar porque a havia desenhado naquela posição. Em seguida, desenhou um túmulo, que eu presumi ser uma referência à morte de sua mãe. Ele também desenhou Paul McCartney (muito popular naqueles tempos) e a letra M, que ele não sabia explicar porque a fizera. Conversamos sobre esses desenhos por alguns minutos e acabei lhe perguntando se ele queria fazer outro desenho. Alan disse que sim, virou a folha de papel e começou a desenhar no verso da folha (Figura 41).

Figura 41. *Alan – Segundo desenho.*

Alan desenhou um altar, me dizendo que era o da igreja que ele frequentava. Quando levantei a folha de papel, tive a surpresa de ver (Figura 42) como a mulher e o altar estavam justapostos. Mostrei isso a Alan – ele ficou muito surpreso e sorriu, meio encabulado. Considerando o que ele me contara de sua mãe e o quanto era chegado à mulher do vigário, eu sugeri que talvez inconscientemente esta mulher tão generosa havia preenchido o lugar de sua mãe, o que poderia explicar o tempo que ele passava com ela e na Igreja. Alan disse que era certamente bem possível que assim fosse.

Figura 42. *Alan – Desenhos justapostos.*

Sugeri que Alan fizesse uma psicoterapia individual e ele aceitou isso de bom grado. Ele fez muito bom progresso e conseguiu ter uma vida mais harmoniosa na escola e com seus amigos. Infelizmente, isso não aconteceu em casa, onde os choques com seus pais continuaram a ocorrer.

Comentário

Certamente, se considerássemos a relação de Alan com seus pais e a crescente importância do vigário e sua esposa na sua vida, mais cedo ou mais tarde chegaríamos à conclusão de que o casal da Igreja assumira o papel de pais ideais para Alan. Desenhar a esposa do vigário era uma pista indicando o papel especial que ela adquirira em seu inconsciente, mas Alan jamais formularia explicitamente tal sentimento em palavras. Mas usando a linguagem das imagens e dividindo os elementos fundamentais de sua fantasia inconsciente em dois desenhos separados, Alan conseguiu expressar seus sentimentos inconscientes.

De um ponto de vista clinico, pragmático, Alan podia reconhecer que o conteúdo de seus sentimentos inconscientes não resultava de uma construção do profissional que consultava, e sim da leitura dos desenhos que fizera.

Jéssica

A carta do clínico pedindo que víssemos Jéssica na clínica pintava um quadro muito dramático dos seus problemas: "Esta menina tem sofrido de uma fobia de corpos mortos – ela tem um medo paranoico da morte. Sofre de pesadelos e tem ataques de angústia com hiperventilação. Jéssica não tem problemas na escola, onde consegue bons resultados. Seus pais são dedicados e a família não tem história de problemas psiquiátricos ou qualquer questão de abuso infantil. Ao que me contam, Jéssica segue sua mãe o tempo todo, fica sentada na cozinha e até fica junto da porta do banheiro quando a mãe o está usando. Jéssica pensa que a mãe pode morrer."

Vi Jéssica junto com sua mãe. Uma dupla amistosa, calorosa, sorridente, rapidamente se puseram à vontade. A Sra. J transmitiu as desculpas do marido que havia tido um compromisso de última hora e não pudera vir à consulta. Jéssica era uma menina de 9 anos de idade, saudável, inteligente e bem falante. Ela me disse que gostava de sua escola, tinha muitos amigos e seus professores gostavam dela. Foi com claro orgulho que mencionou ser uma das melhores alunas de sua classe.

Jéssica contou-me de seu medo de que ela mesma ou alguma outra pessoa pudesse morrer. Ela se sentia intrigada que esse medo jamais a acometia fora de casa, nem quando ela estava envolvida em algum jogo ou outra atividade semelhante. "Pode ser que me divertir faça o medo desaparecer!", disse ela com um sorriso. Mas volta e meia ela se sente como possuída por uma sensação de terror e isso a faz correr para junto de seus pais, jogar-se no chão, chorar com suspiros altos e dolorosos, bater com a cabeça na parede, correr loucamente pela casa – um ou ambos os pais tentam acalmá-la, mas "eles já viram que nada parece adiantar". Aparentemente, as crises cessam quando Jéssica consegue adormecer, totalmente exausta.

Eu perguntei a ela quando esses ataques haviam começado. "Há cerca de dois anos", respondeu sem hesitar, mas não conseguiu identificar qualquer acontecimento que tivesse marcado o início das crises. A Sra. J confirmou as palavras de Jéssica, de que nada de especial havia acontecido naquela época. Quanto à frequência das crises, Jéssica disse que "no começo, elas vinham talvez uma vez por mês, mas depois ficaram mais frequentes e recentemente podem acontecer até toda semana." Ela também sofria de pesadelos. Jéssica contou que, independentemente do que fosse o sonho, em alguma altura aparecia uma multidão de fantasmas que caíam em cima dela, tentando matá-la. "Eu fico na cama, com um medo terrível, esperando adormecer de novo." A Sra. J a corrigiu, dizendo que há algumas semanas quando Jéssica chora durante a noite, o pai a chama e ela tem dormido, "atravessada nos pés da cama dos pais". Jéssica ficou envergonhada, mas confirmou que a mãe estava certa.

Figura 43. *Jéssica – Primeiro desenho.*

Tendo ouvido a história dos "problemas" e chegando à conclusão de que eu não sabia o que mais perguntar à Jéssica sobre as circunstâncias da vida doméstica, sugeri a ela que fizesse um desenho, enquanto eu conversava com sua mãe. Estávamos sentados em torno de uma mesa bem pequena, de modo que tanto eu como a Sra. J podíamos ver o que Jéssica desenhava. Ela fez umas linhas verticais na parte de baixo de uma página (Figura 43) parecendo grades de um jardim, mas ela logo virou a página e começou outra figura (Figura 44).

Figura 44. *Jéssica – Segundo desenho.*

Tendo em vista a maneira dela lidar com os lápis e o papel, ficou bem claro que ela estava acostumada a representar o que ela queria desenhar no papel. Jéssica acompanhava a conversa, frequentemente fazendo algum comentário ou participando do diálogo.

Pedi à Sra. J para me dar uma ideia do que ela fazia, e de sua origem. Ela havia morado na vizinhança de nossa clínica há muitos anos e tinha muitos amigos naquela comunidade. Sentia-se orgulhosa de seu lar e do sucesso que seus filhos tinham na escola. Ela me disse que seu marido também tinha 30 e poucos anos. Ele trabalhava como bombeiro e vinha de uma família muito grande. As famílias do casal gozavam de boa saúde e ninguém jamais sofrera de problemas do tipo que acometiam Jéssica. Neste ponto Jéssica interrompeu para dizer, com um sorriso maroto, que seu pai tinha muito medo do dentista e que sua mãe também tinha este mesmo medo. A Sra. J riu e explicou que havia contado isso a Jéssica, para lhe mostrar que todo mundo tem alguma coisa a temer.

Perguntei à Sra. J sobre seus pais e ela me contou que seu pai havia falecido há alguns anos e sua mãe se casara novamente pouco depois. Explicou que seus pais haviam se separado muitos anos antes da morte do seu pai. Perguntei como seu pai havia morrido e, para minha surpresa, seu sorriso desapareceu e sua voz mudou. Um dia, ele estava visitando os Js e sofreu um tombo na escada da casa, batendo com a cabeça na balaustrada. Ele não foi ver médico algum, mas apareceu com uma ferida que se tornou séptica e ele faleceu poucos dias mais tarde. A atmosfera de nossa sala havia mudado. De uma imagem superfeliz da vida, eu agora fiquei sabendo que a avó paterna de Jéssica havia sofrido de diabetes por longos anos e "há cerca de dois anos" havia sofrido uma queda e batido com a cabeça no chão. Pouco tempo depois ela sofreu o primeiro do que agora eram três derrames cerebrais. Curiosamente, nada nas vozes de Jéssica ou sua mãe indicava que houvessem notado a coincidência de que ambos os avós haviam ferido suas cabeças com sérias consequências. Um pesado silêncio dominou nosso grupo. A Sra. J claramente não sabia como continuar e Jéssica parecia paralisada, olhando fixamente seu desenho. Eu imaginei que ela tinha ouvido essas histórias muitas vezes e fiquei pensando qual era sua reação a essas referências a "bater com a cabeça". Eu lhe perguntei se era devido a esses acidentes que ela batia com sua cabeça na parede. A Sra. J mal teve tempo de mostrar sua surpresa, porque Jéssica imediatamente moveu a cabeça e disse "é, sim".

A Sra. J disse que simplesmente não acreditava na resposta da filha. Jéssica contou à sua mãe que frequentemente olhava os retratos do avô. Sua mãe retrucou que só havia uma foto, em mal estado de conservação, tirada pouco antes de sua morte. Mas Jéssica lembrou a sua mãe que o avô fazia parte de um retrato tirado no casamento dos pais – "oh! Aquele? É... tinha me esquecido..."

Depois de uma pausa, perguntei sobre a família do Sr. J. Além dos derrames sofridos por sua mãe, não havia casos de doença, mas me contaram uma série de histórias dramáticas. Seu pai havia sido um homem muito violento. Depois de algumas experiências traumáticas, Jéssica não teve mais licença de visitar a casa dos avós, se bem que de vez em quando a família fazia arranjos especiais para Jéssica encontrar a avó em terreno neutro.

Não era difícil ligar os medos de Jéssica e sua obsessão com morte e perdas com as doenças de seus avós, mas como avaliar as consequências das histórias de violência? Tanto Jéssica como sua mãe estavam silenciosas e eu não sabia que mais perguntar e, assim, voltei a olhar o desenho que Jéssica havia feito. Era uma linda casa, bem colorida, com um sol brilhante no canto da página e um azul brilhante representando o céu que cobria a casa. Jéssica confirmou que era um desenho da casa onde moravam e descreveu o que existia atrás de cada janela – ela estava intrigada por minhas perguntas, mas ainda assim as respondia. Eu estava tentando descobrir sua ideia privada da vida da família e como ela havia representado isso. Quando lhe perguntei sobre as linhas no outro lado da página, ela respondeu que "queria desenhar uma coisa, mas saiu errado..." Eu disse que tinha uma ideia sobre o significado das linhas, mas primeiro perguntei à Sra. J o que ela achava daquilo. Ela disse que não fazia a menor ideia e Jéssica contou que havia começado a fazer um portão que estaria localizado no canto da casa. E me perguntou qual era a minha ideia – e eu admiti que primeiro eu pensara que era uma cerca, mas considerando o que havia acontecido com seu avô, eu passei a pensar que talvez fossem as balaustradas de alguma escada. Jéssica desandou a rir "oh, não! Nada mais que uma cerca".

De novo ficamos em silêncio. A Sra. J adquirira um aspecto bem diferente. Ela estava pensativa e, respirando fundo, ela me contou que seu marido havia tido problemas com as autoridades: não só por causa dos conflitos com seu pai, mas também devido a transgressões ligadas ao seu trabalho. Ela me contou que, pouco tempo antes de nossa consulta, a Polícia havia vindo à sua casa e levado o Sr. J preso com algemas. Eu achei que não deveria pedir por mais detalhes.

Devido às minhas experiências com desenhos feitos nos dois lados da mesma folha, levantei o papel e perguntei à Jéssica se ela notava algo de especial no desenho (Figura 45). Ela notou a superposição do sol e a "cerca": desandou a rir "está dentro da cerca!". Talvez não fosse necessário mas mesmo assim, eu disse que o sol estava atrás das grades e Jéssica riu desta imagem que ela podia reconhecer como ligada ao que acontecera a seu pai.

Figura 45. *Jéssica – Desenhos justapostos.*

Agora podíamos discutir como, tanto Jéssica quanto sua mãe, tinham medo de perder a companhia do Sr. J. Se os problemas de Jéssica haviam começado com fantasias inconscientes relacionadas a lesões na cabeça que podiam causar doença e morte, o seu atual comportamento fóbico e os pesadelos estavam ligados ao medo de perder seu pai e sua necessidade de dividir suas angústias com as de sua mãe. Como costuma acontecer frequentemente neste ponto de entrevistas, Jéssica estava concordando e parecendo bem aliviada, enquanto a Sra. J parecia achar que minhas interpretações eram especulações sem base. Ela me fez a pergunta clássica "que é que eu POSSO fazer?" e eu sugeri que ela passasse uns minutos com Jéssica toda noite, antes dela dormir, discutindo questões que a filha trouxesse à baila.

Quando vi novamente Jéssica e sua mãe, a menina me disse que se sentia melhor, "firme" foi sua palavra, e a Sra. J confirmou que Jéssica não havia tido novos "faniquitos". Quando falei com o clínico da família depois de dois meses, ele me contou que a Sra. J não fizera qualquer nova referência aos antigos problemas de Jéssica.

Comentário

Sem dúvida é possível que a superposição do sol e a cerca seja apenas uma coincidência, mas certamente refletia perfeitamente o medo de Jéssica que seu pai fosse aprisionado pela Polícia, uma ansiedade que ela não havia mencionado até então. Dividindo a imagem da feliz casa de família e a temida situação de ter seu pai levado pela Polícia, Jéssica conseguira informar sua mãe da razão que a levava a se grudar tanto a seus pais, e tantas vezes buscar ter certeza de que estavam vivos e presentes.

Roberto

A linda imagem dividida criada por Roberto veio no correr de uma psicoterapia individual de longo prazo. Ele era um rapaz de 22 anos que buscou terapia por uma série de problemas ligados à sua vida social e sexual. Conseguira emprego depois de concluir seu curso secundário e é difícil entender porque não havia usado seus dotes artísticos como base de emprego.

Não era em toda sessão que Roberto decidia desenhar, mas era um meio de comunicação a que ele costumava recorrer quando achando difícil decidir o que falar. Neste desenho específico, ele ilustrou seu trajeto saindo de casa e fazendo a viagem para a clínica onde tinha suas sessões. Em um lado da folha (Figura 46) ele desenhou como era "amassado" contra uma parede por um amigo e depois tentando pegar um ônibus, mas sendo empurrado para fora pelo condutor. Em vez de pegar nova folha de papel, Roberto virou aquela mesma que havia usado e desenhou (Figura 47) sua chegada à clínica, sendo recebido por sua terapeuta, que o leva para a sala e os dois sentam-se para ter a sessão – ele agora se mostra feliz, relaxado e pronto para sua terapia.

Figura 46. *Roberto – Primeiro desenho.*

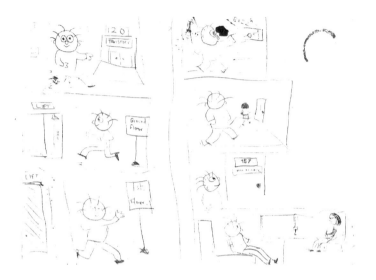

Figura 47. *Roberto – Segundo desenho.*

Figura 48. *Roberto – Desenhos superpostos.*

Acho fascinante ver que quando se examina a folha de papel contra uma fonte luminosa (Figura 48) o condutor e a terapeuta estão completamente superpostos e, em vez de o receber com um sorriso, a terapeuta o está jogando fora! Coincidência? Ou é sua imagem inconsciente de que, por trás de seu sorriso profissional, a terapeuta de fato gostaria de ver-se livre dele?

Figura 49. *Roberto – Imagem ampliada do canto dos desenhos.*

Imagens divididas

Lendo os trabalhos de Freud vim a encontrar seu estudo de Leonardo da Vinci (1910) em que Freud analisa o que ele considera ser uma imagem disfarçada de um pássaro, que pode ser reconhecida num quadro clássico de Leonardo. Evidentemente, isso constituiria a expressão de uma ideia inconsciente do artista. Acontece que eu havia visto outros trabalhos de arte, onde se poderia encontrar tais imagens divididas. Se, em alguns casos, essa imagem final transmitia elementos vindos do inconsciente do artista, também encontrei quadros nos quais o artista pintava tais "imagens divididas" como um artefato artístico. Salvador Dali produziu vários trabalhos com este artefato impressionante (ver, por exemplo, "O Mercado das Escravas com o Busto de Voltaire que Desaparece", 1940). É possível que tenha sido meu conhecimento desses trabalhos que me permitiu descobrir um exemplo dessa "linguagem" quando vendo o desenho feito por um paciente durante uma consulta.

O Mercado das Escravas – *Com o Busto de Voltaire que Desaparece (1940) Óleo sobre tela. Copyright Salvador Dalí. Fundación Gala-Salvador Dalí (Sociedade de Direitos Artísticos), 2011. Coleção do Museu Salvador Dalí, Inc., St.Petersburg, FL, USA, 2011.*

Raquel

Esta menina de 11 anos foi mandada para nossa clínica por seu clínico geral. Ela vinha se queixando de pesadelos e de vários sintomas físicos que frequentemente a impediam de ir à escola. O clínico havia pedido a opinião de um gastroenterologista, mas este nada encontrou de anormal. Ele também havia dado uma série de conselhos a Raquel e seus pais sobre a rotina da hora de dormir, tentando reduzir o nível de ansiedade de Raquel, mas isso não havia produzido resultado algum. Ele decidiu investigar fatores emocionais e pediu ajuda ao psicólogo clínico – como nenhuma melhora fosse conseguida, os pais voltaram ao clínico geral e depois de novas discussões, o médico recomendou uma avaliação psiquiátrica.

Ambos os pais vieram com Raquel à entrevista diagnóstica. O pai era vendedor numa loja local e a Sra. R se dedicava a cuidar da casa e seus dois filhos. Eles descreveram as histórias de suas famílias de origem e tudo parecia muito normal. O casamento era harmonioso e o irmão mais moço de Raquel vinha crescendo sem problemas. Ambas as crianças frequentavam uma escola da comunidade e eram descritas como "médias elevadas" em seus estudos. Raquel se acomodou à entrevista sem dificuldades. Ela me contou de seus muitos sintomas físicos e de como ela lamentava faltar à escola devido às suas múltiplas dores. Os distúrbios do sono levavam a uma vivência de fraqueza geral que dominava o dia seguinte, mas Raquel frisou o quanto ela se esforçava para não se entregar à vontade de simplesmente se deitar e dormir.

Discutindo as queixas de Raquel, fiquei sabendo que tudo começara pouco depois de umas férias, quando a família havia ido a um acampamento que já haviam visitado por muitos anos. Desta vez, por acaso, haviam ocorrido problemas inesperados.Uma das famílias havia se chocado com outras famílias, levando a lutas muito violentas. A família R não fora envolvida, mas ambos os filhos ficaram muito amedrontados e traumatizados pela proximidade de todos os berros e a ameaça de confrontações mais violentas. Mas o irmão de Raquel ficou perturbado apenas por alguns dias, logo parecendo haver se livrado do trauma.

Figura 50. *Desenho de Raquel*.

Raquel havia acompanhado a descrição de seus pais, ocasionalmente acrescentando detalhes de alguma daquelas ocorrências. Decidi pedir a ela que fizesse um desenho. Ela me perguntou "desenho de quê?" mas eu respondi que desenhasse o que bem quisesse. Ela fez um desenho (Figura 50) cheio de detalhes mostrando uma comunidade de casas e contendo uma menina de pé junto a um balanço e um escorrega, enquanto outra menina estava brincando junto de um jardim. Ela desenhou em detalhes os vários caminhos ligando as casas e os blocos de apartamentos e via-se um homem andando por uma dessas passagens. Raquel conseguiu descrever todos esses detalhes sem dificuldades, mas negou firmemente que qualquer dos detalhes tivesse algum significado especial.

Figura 51. *Raquel – Meu traçado.*

Acontece que eu achei que as linhas ligando as casas à direita e as outras no centro da parte de cima, pareciam traçar a figura de um animal. Eu disse isso a Raquel, mas ela sorriu e disse que nada via do que eu lhe mostrava. Coloquei outra folha de papel em cima do desenho dela e copiei (Figura 51) o que eu achava ser o contorno de um animal (Figura 52).

Figura 52. Meu desenho em cima do de Raquel.

O rosto de Raquel se iluminou em um sorriso amplo e saiu contando detalhes de seus pesadelos, em que monstros ameaçavam atacá-la – e ela explicou que os monstros pareciam exatamente o animal/monstro que eu desenhara.

O casal R e eu ficamos surpresos – não só por eu haver "percebido" o monstro, mas pela inesperada reação de entusiasmo de Raquel. Conforme ela foi se acalmando, os pais me perguntaram o que deveriam fazer agora. Raquel precisava de mais consultas? Eu, de fato, achava que isso seria aconselhável, mas decidi lhes dizer que observassem o progresso de Raquel por algumas semanas e, então, poderíamos ter novo encontro, quando discutir como proceder.

Quando vi a família novamente, soube que Raquel não tivera mais pesadelos, mas ainda lutava com ansiedades ligadas à sua relação com colegas e amigos. Recomendei que Raquel viesse à psicoterapeuta infantil da clínica e ela teve um período de terapia.

Escolas de arte

Há muitos anos, tentei fazer um estudo experimental para verificar se o fenômeno de imagens divididas apareceria em situações outras que não no consultório. Não tardou muito para que eu percebesse que minha habilidade como pesquisador não se aproximava dos padrões que poderiam dar credibilidade aos meus achados. Em todo caso, certamente encontrei exemplos de desenhos em que as imagens divididas estavam presentes. Qual o nível de incidência? Pergunta muito importante, mas não posso dar uma resposta precisa. Visitei turmas de escolas de arte, cada uma com número diferente de alunos que concordavam em participar de minha pesquisa. Em um grupo encontrei 4 casos "positivos" entre 13 alunos, enquanto em outra turma de 12 alunos encontrei apenas 1 caso em que uma imagem fora dividida em duas.

Encontrando a turma de estudantes, eu lhes contava de meu trabalho com crianças e adolescentes, frisando meu interesse em desenhos, mas não revelando a razão verdadeira pela qual eu os estava visitando. Tenho certeza que do momento em que me apresentava como psicanalista e psiquiatra de crianças e adolescentes, isso deveria ter um significado especial para a maioria, se não todos os estudantes. Naqueles dias, a palavra "shrink" (um psico) ainda produzia um impacto forte nas pessoas e eu tinha que assumir que aqueles estudantes me viam como pessoa especial e não como artista ou psicólogo, especialidades vistas como menos ameaçadoras, Hoje em dia, quando uma pessoa diz ser um psicanalista, não se vê logo alvo do clássico "Analista? Meu Deus, tenho que tomar cuidado com o que eu digo!", que era tão comum naqueles dias. Talvez uma pesquisa bem feita devesse ser feita por uma pessoa mais "neutra", mas naquela ocasião eu tinha que me apresentar como profissional e dar uma ideia do trabalho em que estava envolvido. Mas mesmo levando em conta este fator, é difícil estabelecer com precisão como isso afetava cada estudante.

Depois de me apresentar, eu pedia ao grupo que desenhassem o que quisessem e a única coisa que eu estipulava como necessária era que fizessem pelo menos dois desenhos. Quando terminavam seus desenhos, cada estudante trazia as folhas para me mostrar e descrevia o que havia feito. Alguns haviam posto seu nome no papel, outros não. Alguns haviam escrito palavras explicando as imagens, outros não. Conforme me contavam o que haviam desenhado, eu tomava notas num bloco de papel. Dei meu muito obrigado a cada estudante e ao grupo todo, mas jamais fiz qualquer comentário sobre os desenhos que me entregavam.

Tal como nos casos descritos anteriormente, considero essas imagens divididas como resultantes de um processo inconsciente e não mera coincidência. Mas nos exemplos que se seguem, não posso apresentar qualquer "prova" além dos desenhos em si, uma vez que não pedi a estudante algum que me desse outras informações relativas aos desenhos que haviam feito, além da descrição dos mesmos.

João

No seu primeiro desenho (Figura 53), João fez um homem sentado pacificamente sob uma macieira. Ele parece estar dormindo e tem um sorriso feliz em seu rosto, não percebendo que uma maçã vem caindo sobre sua cabeça. João pegou outra folha de papel e agora (Figura 54) vemos outro homem atirando uma flecha que atinge a maçã e a prende à árvore, assim livrando o homem que dorme de ser atingido pela maçã. Se, porém, examinamos as duas imagens superpostas (Figura 55) a flecha atinge a cabeça do homem!

Figura 53. *João – Primeiro desenho.*

130 ESCOLAS DE ARTE

Figura 54. *João – Segundo desenho.*

Figura 55. *João – Imagens superpostas.*

Cristina

Na primeira página (Figura 56) vemos um cachorro caçando um coelho e eventualmente o pegando e comendo. Já na página seguinte (Figura 57) o cachorro dorme pacificamente. De acordo com os números que Cristina deu aos desenhos, o cachorro que dorme tem "número 6", ou seja, descansando depois de comer o coelho. Mas justapondo as duas páginas (Figura 58) fica-se com a impressão de que o cachorro que dorme está sonhando toda a caça – uma interpretação que poderia ser apoiada no fato de que o desenho de número 5 mostra o cachorro comendo do seu pratinho "normal" de comida. Outro dado é que a artista escolheu pôr "desenho 2" acima da imagem de coelhos correndo nos campos como "desenho 1". Outra explicação seria que o cachorro que dorme está se lembrando da sua caça, mas de qualquer modo é interessante notar a superposição das imagens do cachorro correndo e dormindo.

Figura 56. *Cristina – Primeiro desenho.*

Figura 57. *Cristina – Segundo desenho.*

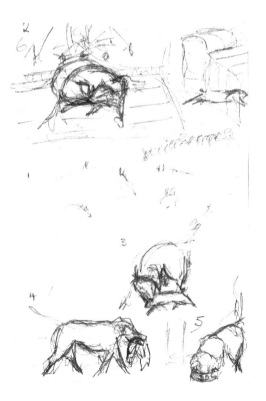

Figura 58. *Cristina – Desenhos superpostos.*

Mônica

Mônica desenhou um episódio que ocorrera quando ela passava férias num país Oriental. Ela e sua amiga só haviam encontrado assentos no compartimento do trem usado por gente da "classe baixa", e o desenho (Figura 59) mostra sua amiga lendo um livro e Mônica olhando para fora da janela, tentando "escapar" do barulho e sujeira do trem. No desenho seguinte (Figura 60) duas prostitutas chegam e começam a tentar cativar dois passageiros masculinos. Um terceiro desenho (Figura 61) mostra Mônica criticando as prostitutas, dizendo-lhes que se comportem e respeitem os passageiros. Se superpusermos os desenhos 2 e 3 (Figura 62) é impressionante ver como as prostitutas estão precisamente no mesmo lugar. Mas sobrepondo 1 e 2 (Figura 63) ou 1 e 3 (Figura 64) é a amiga de Mônica que agora é vista na posição de uma das prostitutas: existe alguma ideia inconsciente na mente de Mônica considerando sua amiga como uma prostituta? Ainda mais intrigante é notar que na superposição 1 e 2, bem como na 2 e 3, Mônica aparece no lugar do homem a quem as prostitutas se dirigem.

Figura 59. *Mônica – Primeiro desenho.*

Figura 60. *Mônica – Segundo desenho.*

Figura 61. *Mônica – Terceiro desenho.*

ABRAHÃO H. BRAFMAN 135

Figura 62. *Mônica – 2 e 3 superpostos.*

Figura 63. *Mônica – 1 e 2 superpostos.*

Figura 64. *Mônica – 1 e 3 superpostos.*

Tomas

Este estudante me contou que havia se lembrado de uma história que o filho de um amigo havia lhe contado e isso o levou a fazer 3 desenhos a que ele deu o título de "a última árvore do mundo". O primeiro desenho (Figura 65) mostra uma grande árvore com corujas pousadas pacificamente nos galhos e do outro lado de uma ravina veem-se muitas árvores. O segundo desenho (Figura 66) mostra um homem cortando grande quantidade de árvores e, finalmente, o terceiro (Figura 67) mostra muitos troncos decepados, enquanto que, do outro lado da ravina podemos ver "a última árvore do mundo", sendo visitada por grande quantidade de pessoas.

Se o conceito de imagens divididas é aceito, como interpretar a clara, precisa superposição do homem e a "última árvore do mundo" quando vemos juntos os dois primeiros desenhos? (Figura 68). Supostamente, esta imagem poderia sugerir alguma ideia de se machucar ou, talvez, pensar que se tornasse o único sobrevivente após perdas de pessoas queridas, mas o contexto em que esses desenhos foram feitos não permitiam investigar como o artista reagiria ao ver essa superposição.

Figura 65. *Tomas – A Última Árvore do Mundo 1*.

Figura 66. *Tomas – A Última Árvore do Mundo 2.*

Figura 67. *Tomas – A Última Árvore do Mundo 3.*

Figura 68. *Tomas – 1 e 2 superpostos.*

Resumindo

O assunto "comunicação" sempre me fascinou. Tendo crescido numa família em que frequentemente se usavam 3 línguas, aprendi o mistério de palavras pronunciadas, mas supostamente para não serem entendidas, enquanto o tom de voz empregado muitas vezes levava a adivinhações que eram difíceis de serem confirmadas ou ignoradas. Ainda criança, descobri que a escolha de uma peça musical para ser tocada num instrumento ou numa gravação, era uma indicação bem forte do estado de espírito da pessoa envolvida. Depois disso veio a descoberta de que cacoetes envolviam mais do que a mecânica de partes do corpo. Mas a descoberta mais preciosa foi ler as palavras de um humorista "comunicação é o que outro ouve". Esta sábia e tão perceptiva piada acentuava a dificuldade que influencia tantas de nossas interações sociais: como podemos ter certeza de que nossas palavras foram compreendidas corretamente? Como podemos garantir que realmente entendemos o que a outra pessoa queria nos comunicar?

No contexto de nossa vida social diária, com sorte podemos encontrar o clima emocional que nos permita verificar e esclarecer quaisquer dúvidas que interferem com o fluxo da conversa. Mas quando uma pessoa enfrenta sentimentos que envolvem dor ou ansiedade, logo encontramos uma rede complexa de dificuldades que afetam a capacidade daquela pessoa de exprimir o que lhe atormenta. Qualquer que seja sua idade, é bem comum que a pessoa não encontre as palavras que poderiam transmitir seus conflitos internos. As pessoas em torno daquele indivíduo podem imaginar que ele deliberadamente se recusa a expressar o que lhe afeta, mas tenho certeza de que isso, na maioria dos casos, não é correto. A criança que se queixa de pesadelos pode não estar ciente de que eles são devidos a medos de que um dos pais abandone a família, da mesma forma que um adulto sofrendo de cólicas abdominais pode não ligar isso à notícia de um amigo que precisou ser hospitalizado. Mas sonhos e cólicas são exemplos do corpo sendo "usado" para exprimir conflitos emocionais.

Lidando com crianças essas dificuldades ficam ainda mais complexas. Mas faz muitos e muitos anos desde que se descobriu que, frequentemente, as crianças exprimem em seus desenhos elementos dos conflitos que enfrentavam. Sabendo disso, os psicanalistas que trabalhavam com crianças cuidavam que seus pacientes tivessem acesso a materiais que podiam utilizar para transmitir suas vivências no mundo que os cercava. E eu segui esta técnica no meu trabalho – não só com crianças e adolescentes, mas por vezes também com adultos.

E um dia descobri que um desenho podia, às vezes, representar apenas uma parte da vivência emocional daquela criança, que "completava" seu conteúdo num desenho feito depois daquele primeiro. Inicialmente, pensei que isso fosse uma coincidência, mas a passagem do tempo me mostrou que estava em jogo uma "estratégia" semelhante à que encontramos na linguagem verbal. Os desenhos, evidentemente, constituíam uma linguagem e cheguei à conclusão de que devia aprofundar minha pesquisa. E esta é a razão pela qual este livro é publicado. Como um elemento técnico, espero que minha descoberta ajude colegas em seu trabalho clínico. Eventuais pesquisas, adequadamente realizadas, poderão produzir uma compreensão mais profunda e detalhada deste mecanismo de divisão tão profundamente estudado no terreno de palavras, mas não previamente descrito em desenhos.

Referências

Arnheim, R. (1969). Visual Thinking. University of California Press, Berkeley, Los Angeles, London.

Brafman, A. H. (2001). Untying the Knot. Working with Children and Parents. London, Karnac.

Brafman, A. H. (2004). Can You Help Me? London, Karnac.

Dali, S. (1940). "Slave Market with the Disappearing Bust of Voltaire". At the Salvador Dali Museum, St. Petersburg, Florida, USA.

Di Leo, J. H. (1973). Children's Drawings as Diagnostic Aids . Brunner/Mazel, New York.

Freud, A. (1926-1927). Introduction to the Technique of Child Analysis. In The Psycho-Analytical Treatment of Children. New York: International Universities Press, 1959.

146 REFERÊNCIAS

Freud, S. (1910). Leonardo da Vinci and a Memory of his Childhood. The Standard Edition of the Complete Psychological Works of Sigmund Freud, Volume XI (1910): 57-138.

Freud, S. (1923). The Ego and the Id. Standard Edition, v. XIX.

Harris, D. B. (1963). Children's Drawings as Measures of Intellectual Maturity. New York, Harcourt, Brace and World.

Johnson, M. K. (1985). The Origin of Memories. In P C Kendall (Ed.) Advances in Cognitive Behavioural Research and Therapy, v. 4 (pp. 1-26), New York, NY, Academic Press.

Kellogg, R. (1969) Analyzing Children's Art, Palo Alto, CA, Mayfield.

Klein, M. (1932). The Psycho-Analysis of Children. London: Hogarth Press, 1960.

Laplanche, J., & Pontalis, J-B (1973). The Language of Psycho--Analysis. The Hogarth Press, London.

Lowenfeld, V. (1947-1978). Creative and Mental Growth. Macmillan, New York.

Luquet, G-H. (1927-2001). "Children's Drawings". London: Free Association Books.

Moore, M. S. (1994). Reflections of Self. The Use of Drawings in the Evaluation and Treatment of Children with Physical Illness. In D Judd and A Erskine (eds.) The Imaginative Body, London: Whurr Publications, pp 113-144.

Nadel, L. (1992) "Multiple memory systems: what and why", Journal of Cognitive Neuroscience 4 (3), 179-188.

Perelberg, R. J. (2007). Space and Time in Psychoanalytic Listening. Int. J. Psycho-Anal., 88:1473-1490.

Piaget, J., & Inhelder, B. (1948-1967). 3 Stages of the Child's Conception of Space. N.Y.: W W Norton.

Stern, W. (1924), Psychology of Early Childhood – H Holt, New York

Winnicott, D. W. (1960). "Ego Distortion in Terms of True and False Self", in The Maturational Processes and the Facilitating Environment". Karnac Books, 1990. London.

Winnicott, D. W. (1971). Therapeutic Consultations in Child Psychiatry. International Library of Psycho-Analysis. London.

Índice remissivo

ansiedades, 15, 19, 26, 35, 42, 65, 72, 79, 100, 116, 122, 126, 142
   reprimidas, 72
Arnheim, R., 21

Brafman, A. H., 91

clínica de orientação infanto-juvenil, 13, 56, 72
cognitiva(o)
   anormalidade, 25
   desenvolvimento, 15, 20
   habilidade, 16
comportamento, 13, 16-17, 19, 26, 29, 31, 35, 43, 55-56, 63, 72, 94-95, 116
   agressivo, 55
   bizarro, 94
   bom, 17

fóbico, 63, 116
consciente, consciência, 18, 20, 23, 25, 27, 47, 58, 76, 84, 94
   veja também inconsciente
   conflito, 20

Dali, S., 121
   Museu, 122
da Vinci, 121
desenvolvimento, 15-16, 18, 20, 23
   veja também cognitivo
   emocional, 23
   normal, 16
   parâmetro de, 37
Di Leo, J. H., 22

Estudos de casos
   Alan, 13, 105-109

150 ÍNDICE REMISSIVO

Anna, 99-105
Bárbara, 62-72
Berenice, 29-35
Beth, 43-47
Cristina, 131-132
Daniel, 47-55
Emília, 36-43
Felipe, 55-62
Glória, 77-85
Jéssica, 109-116
João, 129-130
Júlia, 72-76
Mônica, 133-136
Paula, 85-94
Raquel, 122-126
Roberto, 116-119
Sonia, 94-97
Tomas, 136-139

Freud, A., 24
Freud, S., 17, 121

Hug-Hellmuth, H., 24

inconsciente, 14, 17-18, 20-21, 23, 25-27, 42, 55, 61, 76, 84-85, 109, 115, 119, 121, 128, 133
    veja também consciente
    conflito, 20, 25, 78-79, 142
    fantasia, 55, 76, 82, 84-85, 109, 115
    lembrança, 25
    mente, 23
    ponto de vista, 14
Inhelder, B., 21

Johnson, M. K., 23

Kellogg, R, 20, 146
Klein, M., 24

Laplanche, J., 18
Lowenfeld, V., 21
Luquet, G.-H., 21

mãe, 13-15, 29, 31, 34-36, 43, 47-48, 50, 53-65, 68-71, 73, 76-77, 79, 81-87, 92-97, 105-108, 110-116
    avós, 31, 105, 113-114
    madrasta, 105-106
Moore, M. S., 22
morte, 39, 51, 70, 88, 92-93, 104, 107, 109, 113-114, 116

pai(s), 13, 15-19, 30-31, 33-37, 40-43, 45-47, 49, 56, 62-67, 70-73, 76-77, 85-88, 90-96, 100-101, 104-105
    dedicado(s), 109
    ideal(is), 109
    separação dos, 43
Perelberg, R. J., 25
Piaget, J., 21
Pontalis, J.-B., 18

self, 17
    confiança, 57
    falso, 17
    proteção, 21
sexual, 79, 82, 89, 117
    veja também vida sexual
    fantasia, 82
    interpretação, 79
sono, 36, 41, 123

episódio, 41-42

perturbado, 41

sonambulismo, 36, 41-43, 77

Stern, W., 20

vida(s), 25-26, 30-31, 37, 43, 47, 55-57, 62, 64, 66, 71, 73, 76-78, 80, 93-95, 100, 105-106, 109, 111, 113-114, 117, 142

  diária, 142

  em casa, 37, 43, 47, 79, 81, 109

  escolar, 55-57, 77-78, 93

  famíliar, 66, 77, 95

  normal, 62

  sexual, 117

  social, 43, 105, 117, 142

  traumática, 18, 21-22, 25-27, 62, 84, 94, 105, 114

violência, 39, 114

Winnicott, D. W., 9, 17, 24-25

Zuccari, F., 21